José Cristo Rey García Paredes, cmf

«El Espíritu ensancha nuestra tienda»
Pneumatología y familias carismáticas

 PUBLICACIONES
CLARETIANAS

CLARET
PUBLISHING GROUP

«El Espíritu ensancha nuestra tienda»
© Publicaciones Claretianas, 2024

Juan Álvarez Mendizábal, 65 dpdo, 3º
28008 Madrid
Tel.: 915 401 268
Fax: 915 400 066
www.publicacionesclaretianas.com
publicaciones@publicacionesclaretianas.com
comercial@publicacionesclaretianas.com

ISBN: 978-84-7966-801-3
Depósito Legal: M-23331-2024

Impreso en España - Printed in Spain
Imprime: Estugraf

Introducción

Un extraño fenómeno está aconteciendo en la vida de la Iglesia posconciliar contemporánea y, dentro de ella, en la vida consagrada. Lo que, por una parte, parece decadencia, crisis, pérdida de sentido, abandono, va quedando compensado por nuevos horizontes que se le abren. Fueron terribles aquellos años inmediatos a la conclusión del concilio Vaticano II, cuando la vida religiosa entró en una profunda crisis. Fueron muchas las religiosas y religiosos que abandonaron sus institutos o, en su caso, también el sacerdocio e incluso se fueron separando de la Iglesia. Tras aquellos años críticos, nos hemos ido acostumbrado a ser minoría, a envejecer y también a ir desapareciendo[1]. Aquello fue una auténtica revolución. Y la razón era —¡y esto puede extrañar mucho, sobre todo a los más críticos del Concilio y opuestos a él!—, porque la Iglesia era, es y seguirá siendo una sociedad *fuerte*: «las sociedades débiles y decadentes están libres de las revoluciones... Las revoluciones son, perversamente, un síntoma de fuerza y juventud en las sociedades»[2].

---

[1] Cf. Andrew Greeley, *The catholic Revolution, New Wine, Old wineskins at the Second Vatican Council*, University of California Press, Berkeley 2004.

[2] Crane Brinton, *La anatomía de la revolución*, Aguilar, 1958, p. 319.

A ese extraño fenómeno se unió casi imperceptiblemente otro: la progresiva toma de conciencia de que los carismas con los cuales ha sido agraciada la vida religiosa no han sido donados únicamente a esa forma de vida cristiana: también a personas particulares de otras formas de vida cristiana (casados, laicos, de todos los continentes...), o de confesión cristiana (anglicanos, luteranos...), o incluso de otras religiones. Progresivamente comenzó a configurarse ese fenómeno que hemos bautizado con el nombre de «carisma compartido».

Los institutos de vida consagrada que, por una parte, se veían disminuidos, menos capaces para hacer presente y proseguir en el mundo el carisma de sus fundadores y fundadoras, descubrieron con gozo y esperanza ese grupo creciente de laicos e incluso presbíteros diocesanos que se identificaban con el carisma de uno u otro instituto religioso, deseaban adherirse a su espiritualidad y colaborar en sus diaconías o servicios misioneros. Así hemos llegado al momento presente en el cual ya no solamente hablamos de institutos religiosos, o de congregaciones de vida consagrada, sino también de «familias carismáticas».

Es un fenómeno eclesial en crecimiento hasta el punto de que es numeroso y creciente el grupo de seglares que se adhieren a nuestra forma carismática de entender la vida y servir a la sociedad. Incluso, aquellas personas que abandonaron nuestros institutos vuelven para seguir viviendo y actuando el carisma desde otra perspectiva

Se ensancha en los institutos de vida consagrada el «nosotros carismático». Y se descubre que los carismas concedidos a la vida consagrada (es decir a la forma de vida que se caracteriza por la profesión de los consejos evangélicos de obediencia, celibato y pobreza) y que la han configurado como órdenes, o congregaciones, o sociedades religiosas, tienen también otros destinatarios (laicos, matrimonios, ministros ordenados e incluso personas de otras religiones o creencias que se identifican con ellos).

La profecía de Isaías, que sirve de *leitmotiv* al actual proceso sinodal sobre la sinodalidad, ilumina e impulsa el fenómeno del carisma compartido y el ministerio colaborativo. Se trata de Is 54,2-7:

«Ensancha el espacio de tu tienda, despliega los toldos de tus moradas, no ahorres; alarga tus cuerdas y refuerza tus estacas, porque te extenderás a derecha e izquierda, y tu descendencia se adueñará de naciones, y habitarán en ciudades abandonadas. No temas, que no quedarás avergonzada, ni te sonrojes, que no serás deshonrada, pues olvidarás la vergüenza de tu adolescencia, y no recordarás más el oprobio de tu viudez. Porque será esposo tuyo tu Hacedor, cuyo Nombre es el Señor de los ejércitos, y Redentor tuyo, el Santo de Israel, que se llama Dios de toda la tierra. Como a mujer abandonada y afligida de espíritu te ha llamado el Señor. La esposa de la juventud ¿cómo va a ser repudiada? —dice tu Dios—. Por un breve instante te abandoné, pero con grandes ternuras te recogeré» (Is 54, 2-7).

Está llegando el tiempo de una nueva esperanza para la Iglesia y para la vida consagrada (órdenes, congregaciones y comunidades): ¡ensancha el espacio de tu tienda! ¡Teñid de carismas el rostro de toda la Iglesia! No somos los únicos herederos del carisma concedido por el Espíritu a nuestros Fundadores o Fundadoras. Hay otros destinatarios con quienes es necesario conectar. Ese es nuestro desafío. Todavía podemos encender con nuestro fuego otros fuegos. No se trata de «amistad», de simple colaboración, sino de impregnación carismática por la presencia y fuerza del Espíritu Santo.

La lógica del Espíritu no es nuestra lógica. La pobreza pneumatológica de la teología e incluso de la espiritualidad nos puede convertir en una «iglesia binaria» y no en una «Iglesia trinitaria». Por eso, el objetivo de este libro es recuperar junto a la teología y la cristología, la pneumatología o el tratado sobre el Espíritu Santo. Intenté anticipar este proyecto en tres de mis últimos libros: *Cómplices del Espíritu, el nuevo paradigma de la Misión, Otra comunidad es posible bajo el liderazgo del Espíritu, Lo que el Espíritu ha unido: matrimonio y familia del siglo XXI.*

El proyecto actual intenta fijar la atención en dos momentos: la revelación del Espíritu Santo en la Palabra de Dios (Antiguo y Nuevo Testamento) y la «receptio» de la revelación y presencia del Espíritu en la bimilenaria historia de la Iglesia, desde la época post-apostólica hasta hoy y con especial énfasis en el «hoy».

En un segundo momento contemplaremos la vida consagrada de hoy y el fenómeno de las «familias carismáticas» bajo la mirada y el instinto del Espíritu Santo. El Espíritu Santo está reconfigurando la Iglesia y las comunidades humanas. Sueña con nuestro planeta como «la casa común». Por esa razón, en la Iglesia hablamos ya con normalidad de «diálogo de vida» sea en clave ecuménica, interreligiosa, cultural; y, también ahora, de «carisma compartido», de «ministerio carismático colaborativo», o de «diaconías carismáticas».

Y ¿cómo interpretar este fenómeno? ¿Se trata únicamente de una sagaz y estratégica adaptación a los nuevos tiempos? ¿O tal vez late tras todo este movimiento la misteriosa presencia del Espíritu de Dios Padre y de Jesús?

❧

A esta misteriosa Presencia quiero referirme en este libro. Sin percibirlo tan claramente estamos entrando en la era de los «cómplices del Espíritu»[3]. Además del bautismo «sacramental» se nos propone un bautismo carismático con diversas modalidades, y una de ellas —la que afecta a la vida consagrada en la Iglesia— es el bautismo que genera familias en un carisma particular y sus diaconías o ministerios.

La vida consagrada en sus formas más antiguas —como el monacato— tenía su centro en Dios: la pasión por Dios. La vida consagrada en sus formas medievales y modernas puso su centro en Cristo Jesús, desde las más variadas perspectivas: la pasión por Cristo. La vida consagrada contemporánea descubre cada vez más la presencia y la acción del Espíritu que renueva todo: la pasión por el Espíritu hace surgir nuevas formas de misión, de experiencia espiritual, y el fenómeno específico de las «familias carismáticas».

Con este libro pretendo recuperar «la memoria del Espíritu» en toda su extensión. Invito a los lectores a no tener prisa, sino a contemplar la revelación del Espíritu de Dios y de Jesús desde el origen hasta el final. A releer toda nuestra teología desde la Pneumatología o el tratado del Espíritu y de «lo santo». El Espíritu Santo se encuentra en el mundo «espiritual», «invisible», pero no por eso menos real.

También la vida consagrada padece «anemia espiritual» cuando, por ser «muy cristocéntrica», se olvida de aquel desplazamiento hacia el Espíritu que Jesús nos pidió en la última cena: «os conviene que yo me vaya» (Jn 16,7).

He titulado este libro, después de muchas cavilaciones, «*El Espíritu ensancha nuestra tienda*» *Pneumatología y familias ca-*

---

[3] Cf. José Cristo Rey García Paredes, *Cómplices del Espíritu. El nuevo paradigma de la Misión*, Publicaciones Claretianas, Madrid 2014.

rismáticas. Nuestra tienda ha sido muchas veces demasiado estrecha. Era la tienda de «la Regla», de «las Constituciones». Tras el Concilio nos hemos acostumbrado a decirnos que «la última norma de vida religiosa es el seguimiento de Cristo, tal como nos lo propone el Evangelio» y esa norma ha de ser acogida por todos los institutos «como regla suprema» (*Perfectae caritatis*, 2, a).

Sin negarlo, creo que hay que ensanchar todavía más la tienda. El Evangelio está hoy a cargo de nuestro Consejero evangélico, nuestro Paráclito evangélico, que es el Espíritu Santo de Dios Padre y de Jesús. Un cierto cristomonismo ha llevado a la vida consagrada —en sus procesos formativos, espirituales y apostólicos— a la unilateralidad y al olvido del Espíritu Santo. Por ejemplo, los consejos evangélicos eran más bien normas constitucionales a las que había que obedecer, y no encuentros con el Espíritu de Jesús, nuestro Consejero. La vida «evangélica» que pretendíamos vivir, personal, comunitaria y apostólicamente, apenas contaba con la presencia y acción del Espíritu Santo.

Dividiré mi reflexión en cuatro partes: las dos primeras hacen referencia a la pneumatología bíblica e histórica —desde los primeros siglos del cristianismo hasta el presente—; las dos últimas abordan el tema del origen de los carismas de vida religiosa o consagrada bajo la inspiración y protagonismo del Espíritu Santo y de su extensión en el fenómeno —en cierta medida ya antiguo, pero ahora sumamente actual— de las «familias carismáticas». En este fenómeno se descubre una nueva reconfiguración eclesial, que el Espíritu Santo nos ofrece.

I. Progresiva revelación del Espíritu Santo: desde el Génesis hasta el Apocalipsis.

II. La «receptio» eclesial de la revelación del Espíritu Santo: desde el inicio hasta hoy.

III. El Espíritu en la vida consagrada: fundadores, seguidores y carisma.

IV. «Ensancha la tienda»: Familias carismáticas en misión y diaconías.

Parte I:
PROGRESIVA REVELACIÓN
DEL ESPÍRITU SANTO
desde el Génesis hasta el Apocalipsis

En la Iglesia católica creemos con firmeza que el principal y gran autor de todos los libros que forman la Sagrada Escritura (Antiguo y Nuevo Testamento) es el Espíritu Santo. Los diversos autores particulares escribieron *divino afflante Spiritu*[4]. La clave interpretativa para captar el sentido de cada texto bíblico ha de ser, por tanto, la «hermenéutica del Espíritu». Él es el autor principal, que nos permitirá comprender lo que en cada texto hay de mensaje divino para cada tiempo y también para nuestro presente. El Espíritu vuelve «contemporáneos» textos, mensajes, profecías y oraciones que surgieron en espacios culturales extraños para nosotros y en tiempos muy lejanos. Esta convicción nos permite superar la mera «hermenéutica arqueológica» y tener acceso a la «hermenéutica del Espíritu hoy».

El recurso a la sagrada Escritura desde la armonía de los dos Testamentos enriquece y reconfigura la vida consagrada. La visión holística nos ayuda a descubrir «lo escondido», a encontrar la «perla preciosa o el tesoro». Es así como la Palabra de Dios ensancha nuestros horizontes y perspectivas y nos conduce a captar con mayor discernimiento y entusiasmo ese

---

[4] Cf. Pío XII, Carta encíclica «*Divino afflante Spiritu*» *sobre los Estudios bíblicos* (30 de septiembre de 1943).

fenómeno contemporáneo de las «familias carismáticas», que reconfigura la Iglesia y la sociedad.

Pasemos de la arqueología bíblica a la hermenéutica del Espíritu. ¡Lo importante no es para nosotros lo que dijo Dios en otros tiempos, sino lo que nos dice «hoy» a partir de aquellos textos! Así lo hizo Jesús en la sinagoga de Nazaret: «Hoy se ha cumplido esta Escritura que acabáis de oír» (Lc 4,21). ¿Cómo escuchamos hoy la voz del Espíritu en las Escrituras?. «Lo propio de la hermenéutica del Espíritu es que los creyentes leemos los textos como Escrituras. Una vez que hayamos hecho una exégesis responsable (o durante ese proceso), ¿cómo podemos esperar que el Espíritu aplique el texto a nuestras vidas y comunidades?»[5].

---

[5] Cf. CRAIG S. KEENER, *Hermenéutica del Espíritu. Leyendo las Escrituras a la luz de Pentecostés,* Publicaciones Kerygma, 2017.

Capítulo 1:
La santa «Ruah» desde el Génesis
hasta los profetas y orantes

Existen muchos «génesis» en la historia humana y en nuestras historias personales. La vida consagrada surge en la historia de la Iglesia con las características de un «pequeño génesis», que poco a poco se va consolidando y da lugar, con el paso del tiempo, a uno de los institutos de vida consagrada que posteriormente la iglesia reconoce y aprueba. El Espíritu es siempre el Espíritu de los orígenes, el Espíritu creador. Es así como el Espíritu se nos revela en todos los procesos creadores. Este capítulo nos muestra cómo el Espíritu es el *Spiritus Creator* y está siempre presente en el origen, pero es también el Espíritu que hace «sostenible» la existencia e impide que caiga de nuevo en la nada. Así lo presentaron los profetas. Así lo suplicaron los orantes en sus salmos.

I. El Espíritu del «Origen»

Según el libro del Génesis, Espíritu Santo estaba presente en el inicio de la creación: «se cernía sobre la faz de las aguas» (Gn 1,1-2); y lo ratificó el salmista cuando exclamaba: «Por la palabra del Señor fueron hechos los cielos, y todos sus ejércitos por el aliento (*ruah*) de su boca» (Sal 33,6).

Toda vida surge del Espíritu creador de Dios (Zac 12,1) La vida no es posesión del hombre, es posesión de Dios y de Él depende su duración: «no permanecerá por siempre mi espíritu en el hombre, porque no es más que carne. Ciento veinte años serán sus días» (Gn 6,3).

Por eso, también está presente en el origen de la vida consagrada y cuando la vida consagrada ha de salir del «caos» informe. Y el Espíritu es así mismo «el Espíritu del liderazgo» que conduce a su pueblo a través de sus dirigentes. Y también es el «Espíritu profético» que hace conectar el misterio de Dios con la historia humana y libera a su pueblo de las peores esclavitudes y de su destierro, cuando estaba llamado a poseer «la tierra».

La vida consagrada y las familias carismáticas encuentran ya en la revelación de la primera Alianza claves decisivas para interpretar su momento histórico y para avivar sus esperanzas.

«Nos interesan los textos bíblicos no solo por lo que nos enseñan acerca de la historia o las ideas antiguas, sino porque esperamos compartir el tipo de experiencia espiritual y relación con Dios que descubrimos en las Escrituras»[6].

II. El «nombre» del Espíritu

Necesitamos, porque así somos, imaginar el Espíritu. Por eso la revelación desde el primero hasta el último libro del Antiguo Testamento emplea la mejor pedagogía: poco a poco se nos desvela quién es el Espíritu. Y para ello se elige un nombre: *Ruah*. Y después se nos ofrecen ejemplo de la acción del Espíritu en los seres humanos.

---

[6] Cf. Craig S. Keener, *Hermenéutica del Espíritu: Leyendo las Escrituras a la Luz de Pentecostés,* Publicaciones Kerigma, 2017.

1. El término hebreo «ruah»

El nombre del Espíritu en la lengua hebrea es «ruah». Es un término muy frecuente en los libros del Antiguo Testamento: aparece 398 veces. Los expertos le atribuyen varios significados fundamentales: viento, fuerza de la vida —o principio vital— y poder vivificante de Dios, a través del cual Él actúa y hace actuar.

Desde su origen etimológico, la palabra hebrea «ruah» señala la íntima relación entre espíritu y vida. «Ruah» significa un sorprendente y fuerte movimiento de aire, el ímpetu del viento o aliento y con ello el aire para respirar o la atmósfera necesaria para la vida. Sin «ruah» hay muerte. El mero significado léxico no basta para determinar el significado real de «ruah». Es necesario conocer el uso real de la palabra. La palabra «espíritu» recibe en la Biblia diferentes significados según los contextos en los que se utiliza: a veces significa *viento* (Jn 3,8; Hch 2,1-4.6); otra *respiración de Dios,* que transmite la vida (Ex 15,8-10; Sal 33,6); otras el aliento de la persona, *principio y signo de vida* (Gn 7,22).

«Ruah» es referido también a la inspiración necesaria para para realizar una creación artística. Para los hebreos «ruah» era el principio vital de los cuerpos o de la realidad creada, la energía de la vida[7].

En esta misma línea los filósofos griegos del estoicismo entendieron el «pneuma» (el espíritu) no como una realidad separada de los cuerpos o de la materia, sino como aquella realidad que tiene un fantástico poder de penetración en la

---

[7] Después del destierro «ruah» comenzó a significar la *respiración* tranquila y *habitual del ser humano;* una capacidad del ser humano: cf. R. Albertz - Cl. Westermann, art. «*Ruah* - Espíritu», en *Diccionario teológico manual del Antiguo Testamento,* vol. II, Madrid 1985, p. 932.

materia, concebida como porosa: «en el estoicismo, Dios mismo, o lo divino, es concebido como un espíritu que parece a veces impersonal y a veces personalizado»[8].

Es interesante resaltar, por otra parte, que el término hebreo «ruah» es un sustantivo femenino, aunque sea, a veces, utilizado como masculino, especialmente cuando el «ruah» es fuerza violenta, como el viento destructor de Oriente, o el poder que sobrecoge al profeta. Como dice una de las grandes expertas en este tema, H. Schüngel Straumann: «un poder violento y destructor no podría expresarse en femenino»[9]. Allí donde el significado está relacionado con la acción creadora, con la vida, con la energía creativa y espiritual, ruah se utiliza indudablemente en su forma femenina[10]. Espíritu Santo aparece en el salmo 51,13, porque hace referencia al Espíritu de Dios. En casi todos los contextos teológicos, «ruah» significa energía vital, dinámica, creativa y entusiasta[11].

---

[8] Cf. E. Trías, *Diccionario del Espíritu*, Planeta, Madrid 1996, p. 43.

[9] Cf. Cf. H. Schüngel Straumann, «Rûah und Gender-Frage am Beispiel der Visionen beim Propheten Ezechiel», en *Gender-Specific and Related Studies in Memory of Fokkelien van Dijk-Hemmes*, Bob Becking - Meindert Dijkstra (eds.). Leiden: E.J. Brill, 1996.

[10] H. Schüngel Straumann, *Rûah bewegt die Welt. Gottes schöpferische Lebenskraft in der Krisenzeit des Exils*, SBD 151, Stuttgart 1992, pp. 69ss.

[11] Schüngel-Straumann —en sus observaciones lingüísticas— asume que la vocal larga «u» en la palabra «ruah», se convirtió en consonante «w» en «rewach». Al principio «ruah» expresaba la experiencia específicamente femenina de la excitación sexual y del nacimiento; en cambio, en la revisión postexílica de los textos bíblicos más antiguos, se suprimieron los contextos específicamente femeninos de la experiencia: cf. H. Schüngel Straumann - Klaus Berger, *Geist Gottes*, Neue Echter Verlag, Würzburg, 2017, pp. 13-19.

2. Un ser divino sin definición

En la revelación bíblica aparece el Espíritu Santo como un ser divino sin definición. Su nombre es *ruah, pneuma, spiritus*. Estas palabras —en distintos idiomas— no solo hablan del viento o del «soplo» sino, sobre todo, de la fuerza y la energía que se manifiestan en Él. Esta fuerza es enigmática y misteriosa en su origen y su destino. El soplo y el viento eran para los hebreos fuerzas misteriosas, terribles y poderosas[12]: se desarrolla su significado. Referido al Espíritu Santo significa *la fuerza creadora de Dios* que llama a la vida a todo el universo creado e impulsa los acontecimientos de la historia hacia la salvación.

Es muy clarificadora a este respecto la pregunta y respuesta del teólogo y cardenal Danielou:

«¿Qué intentamos decir cuando hablamos del "espíritu" cuando decimos: "Dios es Espíritu"? ¿Hablamos como los griegos o como los hebreos?... Si hablamos como los hebreos, estamos diciendo que Dios es una tormenta, un huracán, un poder irresistible. La esencia de la espiritualidad hebrea no es volverse inmaterial, sino estar animado por el Espíritu Santo»[13].

De esta santa «Ruah» habla ya la primera página de la Sagrada Escritura; al influjo y poder de esta santa «Ruah» se hace referencia al hablar de los grandes personajes de la historia de Dios con Israel, su pueblo. Es la santa Ruah presente en toda la historia de Jesús, desde su concepción virginal hasta su resurrección y ascensión al cielo.

---

[12] Cf. Ecl11,5; Ex 15,8-10; 2Sam 22,16; 1Re 19,11; Is 11,4; 40,7.

[13] J. Daniélou, «L'horizon patristique», en: *Le point théologique 1*, Catholique Institute de Paris, Orientations actuelles, Paris 1971, pp. 22-23.

Detengámonos en todo ello en este capítulo sobre el Espíritu de Dios y su revelación en el Antiguo y Nuevo Testamento.

III. El Espíritu en los líderes de Israel

En el Antiguo Testamento cualquier poder misterioso e inexplicable era atribuido al Espíritu de Dios. El Espíritu irrumpía de un modo insospechado e inesperado y movía e impulsaba hacia lo extraordinario; no establecía un orden permanente.

1. El Espíritu que guía al pueblo de Dios: José y Moisés, los ancianos y Josué

De *José* —hijo de Jacob— y de David se dice que el Espíritu de Dios estaba o hablaba en ellos[14]. A José se refieren estas palabras del Faraón de Egipto: «¿Podemos encontrar a alguien como este hombre, en quien esté el Espíritu de Dios?» (Gn 41,38-39).

El Espíritu que había sido dado a Moisés, fue también infundido sobre los setenta ancianos: experimentaron una excitación profética y no solo ellos, sino que también se apoderó de dos de los más viejos que se habían quedado en el campamento (Nm 11,25-29).

---

[14] Gn 41,38; 2Sam 23,2.

El Espíritu se trasmite desde Moisés y es compartido por los 70 ancianos (Nm 11,25[15]). Lo mismo se dice de *Josué,* sucesor de Moisés porque era un hombre «en quien está el Espíritu» (Nm 27,18).

2. El Espíritu que defiende al pueblo de Dios: los jueces de Israel

De los jueces de Israel se dice que el Espíritu de Dios se derramó sobre ellos o se apoderó de ellos de manera que mantenían el derecho en Israel, tocaban la trompeta y lo lanzaban contra los enemigos (Jue 3,10; 6,34; 11,29)[16]. El Espíritu mueve y agita a Sansón desde niño (Jue 13,25); por su poder puede desgarrar a un león y matar de una vez a mil hombres con la quijada de un asno (15,14-16)[17].

---

[15] «Descendió el Señor en la nube y habló con él. Tomó un poco del espíritu que había sobre Moisés y lo infundió sobre cada uno de los setenta ancianos. Y cuando el espíritu reposó sobre ellos se pusieron a profetizar. Pero no volvieron a hacerlo. Dos hombres se habían quedado en el campamento, uno se llamaba Eldad y el otro Medad. El espíritu reposó sobre ellos, pues eran de los señalados, aunque no habían ido a la tienda, y se pusieron a profetizar en el campamento. Un muchacho corrió a referírselo a Moisés, y le dijo: —Eldad y Medad están profetizando en el campamento. Josué, hijo de Nun, ayudante de Moisés desde su juventud, replicó: —Señor mío, Moisés, prohíbeselo. Moisés le dijo: —¿Estás celoso por mí? ¡Ojalá todos los del pueblo del Señor fueran profetas porque el Señor les hubiera infundido su espíritu!» (Nm 11,25-29).

[16] Los *jueces* que liberaron a Israel en la tierra prometida de las naciones circundantes fueron agraciados con el poder del «Espíritu del Señor»: *Otoniel* (Jue 3,9), *Gedeón* (Jue 6,34), *Jefté* (Jue 11,29), y *Sansón «el agitado por el Espíritu»* (Jue 13,25; 14,6.19; 15,14).

[17] «La mujer dio a luz un niño y le puso por nombre Sansón. Creció y el Señor lo bendijo, y el Espíritu del Señor comenzó a agitarlo...» (Jue 13,24-25). «El Espíritu del Señor vino sobre él, de modo que se convirtió en juez de Israel y salió a la guerra. El Señor entregó a Cusán Risataim, rey de Aram, en manos de Otoniel, que lo venció» (Jue 3,10).

El profeta Samuel le profetizó a Saul, cuando le ungió rey de Israel:

«También a ti te invadirá el espíritu del Señor, profetizarás con ellos y te transformarás en otro hombre» (1Sam 10,6).

Y posteriormente este mismo libro narra una extraña historia: Saul, poseído por el Espíritu no sabe lo que hace:

«Saúl envió a unos hombres para apoderarse de David, pero cuando vieron a la comunidad de profetas en trance y entre ellos a Samuel, el espíritu de Dios invadió a los emisarios y también ellos comenzaron a profetizar. Se lo comunicaron a Saúl, y este envió a otros que también comenzaron a profetizar. Volvió a enviar emisarios por tercera vez y también estos se pusieron a profetizar. Entonces él mismo se fue a Ramá y al llegar a la cisterna mayor que hay en Secú preguntó: —¿Dónde están Samuel y David? Le dijeron: —Están en Nayot, en Ramá. Se dirigió a Nayot, en Ramá, pero también a él le invadió el espíritu de Dios y fue profetizando hasta llegar a Nayot en Ramá. Allí se despojó de sus vestiduras y estuvo profetizando en presencia de Samuel; luego cayó a tierra desnudo y pasó así todo aquel día y toda la noche. Por eso se dice: "¿También Saúl anda entre los profetas?"» (1Sam 19,20-23).

David fue el último rey de quien la Escritura afirma que recibió el Espíritu de Dios:

«Entonces Samuel tomó el cuerno de aceite y lo ungió en presencia de sus hermanos, y desde aquel día el Espíritu del Señor vino sobre David con poder» (1Sam 16,13).

En cambio, ni de Salomón —a pesar de toda su gloria—, ni de los demás sucesores en el trono de David, se dice en la Escritura que recibieran el Espíritu. Solo quedaba la expectativa: en un descendiente futuro de David descansaría el Espíritu del Señor para constituirlo en el auténtico gobernante del pueblo de Dios (Is 11,1-2).

IV. El Espíritu en los profetas y los orantes

La acción del Espíritu en los profetas fue especialmente intensa.

1. El Espíritu que habló por los profetas

Balaam era un profeta que no pertenecía al pueblo de Israel, pero un Espíritu de Dios «le abrió sus ojos» de tal manera que pudo vislumbrar proféticamente el proyecto de Dios sobre el pueblo de Israel:

> «Balaam levantó sus ojos y vio a Israel acampado por tribus; vino sobre él el espíritu de Dios, y proclamó su mensaje diciendo: —Oráculo de Balaam, hijo de Beor, oráculo del caballero clarividente, oráculo de quien escucha las locuciones de Dios, vislumbra la previsión del Omnipotente, se postra, y contempla clarísimo. ¡Qué hermosas son tus tiendas, oh, Jacob, y tus moradas, Israel!» (Nm 24,2-5).

El espíritu de Elías recayó sobre Eliseo (2Re 2,9-10). Y con ese espíritu Eliseo dividió las aguas. (2Re 2,15).

El profeta Isaías se lamentaba del pueblo de Judá porque prescindía del Espíritu Santo:

> «¡Ay de los hijos rebeldes —oráculo del Señor— que hacen proyectos sin contar conmigo, que pactan alianzas sin contar con mi Espíritu!» (Is 30,1).

Oseas se declaró a sí mismo «hombre del Espíritu» —es decir, profeta—. Y el pueblo lo consideró, sin embargo, como un chiflado, un loco:

«¡Que se entere Israel! "El profeta es un necio, el hombre de espíritu, un loco", a causa de la magnitud de tu culpa y la enormidad de tu enemistad» (Os 9,7).

El Espíritu de Dios actuó en el profeta Miqueas, cuya profecía —llena de la fuerza del Espíritu del Señor— se distinguía claramente de las visiones y oráculos espectaculares y extraños de los videntes y adivinos:

«Esto dice el Señor acerca de los profetas que extravían a mi pueblo, que, mientras sus dientes tienen que mascar, pregonan: "Paz"; pero a quien no les pone algo en la boca le declaran la guerra santa. Por eso, se os hará de noche sin tener visión, se os harán tinieblas, sin revelación, se pondrá el sol para esos profetas, se les ennegrecerá el día. Los videntes se avergonzarán, se abochornarán los adivinos: todos ellos se taparán la boca porque no hay respuesta de Dios. En cambio, yo he sido llenado de la fuerza del Espíritu del Señor, del derecho y de la fortaleza, para denunciar su delito a Jacob, y a Israel, su pecado» (Miq 3,5-8).

El profeta *Ezequiel* reconocía que «el Espíritu del Señor vino sobre él para que denunciar a quienes habían llenado la ciudad de víctimas y cadáveres» (Ez 11,5).

También Nabucodonosor reconoció que el Dios de Daniel era «el Dios de los dioses, el Señor de los señores y el revelador de los misterios» (Dn 2,47); y reconocía que el Espíritu del Santo estaba en él (Dn 4,6).

2. ¿Cómo discernir el auténtico del falso profeta?

Un problema que se le planteaba siempre al pueblo de Dios era: ¿cómo distinguir al verdadero del falso profeta?

Y la solución que se presentaba era: donde lo que se dice se asemeja a la propia manera de pensar y de desear, hay que desconfiar. Característica de un falso profeta era anunciar aquello que podía agradar a quien le escuchaba; en cambio, el profeta movido por el Espíritu de Dios denunciaba el mal:

> «Los profetas que nos precedieron, a ti y a mí, desde antaño profetizaron guerras, desgracias y pestes a muchos países y a grandes reinos. Si un profeta vaticinaba la paz, cuando se cumplía la palabra del profeta, se reconocía que verdaderamente lo había enviado el Señor» (Jr 28,8-9).

Por eso, se hizo normal hablar de «profetas de desgracias». Sin embargo, a partir de Is 40 aparece un nuevo prototipo profético: el *Mebasser*. Era el profeta de la Buena Noticia, que anuncia la llegada del reino de Dios y que evangeliza a los pobres. A este profeta de buenas noticias hace referencia el libro de Isaías en varias ocasiones[18]:

> «Súbete a un monte bien alto, tú, la que traes buenas noticias a Sión (*Mebasseret– Shión*); alza con fuerza tu voz, la que traes buenas noticias a Jerusalén; grita sin temor. Di a las ciudades de Judá: "Aquí está vuestro Dios"» (Is 40,9).

> «Qué hermosos son sobre los montes los pies del mensajero (*mebasser*) que anuncia la paz, del mensajero de la buena nueva que anuncia la salvación, del que anuncia a Sión: "¡Reina tu Dios!"» (Is 52,7).

Con esta figura profética se identificó Jesús. En ella se vio a sí mismo anticipado. Con gran acierto el evangelista Marcos tituló su obra *Evangelio de Jesucristo* o *buena noticia* (Mc 1,1). Y, así mismo, el evangelista Lucas presentó a Jesús en la sinagoga de Nazaret con los rasgos del *Mebasser*, explicitados

---

[18] Cf. el excelente comentario a este prototipo profético de: GREGORIO DEL OLMO LETE, *La vocación del líder en el Antiguo Israel. Morfología de los relatos bíblicos de vocación,* Universidad Pontificia Salamanca, 1973, pp. 323-337, 357-365.

en el texto de Is 61: «El Espíritu de Dios está sobre mí porque me ha ungido y me ha enviado a anunciar la Buena Noticia a los pobres» (Lc 4,18). Asimismo, en Jesús se realizaría la expectativa del Mesías o Siervo de Yahvé ungido con el Espíritu:

> «Mira a mi siervo, a quien sostengo, mi elegido, en quien se complace mi alma. He puesto mi Espíritu sobre él: llevará el derecho a las naciones» (Is 42,1).

3. Expectativas proféticas

Los profetas anunciaban también lo que el Espíritu realizará en el tiempo que está todavía por venir. Ante los fracasos continuos del pueblo de Dios solo cabía esperar que Dios cumpliera sus promesas imponiendo su poder.

El profeta Isaías barruntaba que nacería un vástago de David, sobre quien reposaría el Espíritu del Señor y sobre quien derramaría sus dones:

> «Saldrá un vástago del tronco de Jesé, y una rama brotará de sus raíces. Y reposará sobre él el Espíritu del Señor, espíritu de sabiduría y de inteligencia, espíritu de consejo y de fortaleza, espíritu de ciencia y temor del Señor. Y su delicia será el temor del Señor» (Is 11,1-3).

Y en otro lugar el profeta Isaías proclama la llegada del Mesías:

> «El Espíritu del Señor Dios está sobre mí, porque el Señor me ha ungido. Me ha enviado para llevar la buena nueva (*mebasser*) a los pobres, a vendar los corazones rotos, anunciar la redención a los cautivos, y a los prisioneros la libertad, la vista a los ciegos y la libertad a los heridos» (Is 61,1-2).

Proclamó también el derramamiento del Espíritu «desde lo alto», como la lluvia que produce cosechas, que hace florecer la tierra y vuelve fértil el desierto:

«Porque derramaré agua sobre la tierra sedienta, y torrentes sobre el suelo seco; infundiré mi Espíritu sobre tu descendencia, y mi bendición sobre tu prole, y brotará como entre la hierba, como sauces junto a corrientes de agua» (Is 44, 3-4).

El efecto de la efusión del Espíritu sería la transformación del corazón de los hombres y la abundancia del derecho, la justicia, la paz y la confianza (Is 32.15-18).

El profeta Ezequiel retomó la idea de esta futura obra del Espíritu. Le fue concedida la terrible visión del valle lleno de los huesos secos., incapaces de responder al mensaje del profeta, pues no había vida en ellos (Ez 37,1-10). El profeta fue invitado a invocar al Espíritu de Dios, simbolizado en el viento y el aliento (*ruah*) o en el Espíritu de la vida (Ez 37,10). Dios promete: «pondré Mi Espíritu dentro de vosotros, y viviréis» (Ez 37,14). Los huesos secos cobrarán vida por la acción del Espíritu:

«Entonces rociaré sobre ti agua limpia (purificada), y quedarás limpio. De toda vuestra inmundicia os limpiaré. Un corazón nuevo os daré, y un espíritu nuevo pondré dentro de vosotros. Quitaré de vuestra carne el corazón de piedra, y os daré un corazón de carne. Pondré dentro de vosotros mi Espíritu, y haré que andéis en mis estatutos, y guardéis mis juicios» (Ez 36.25-27).

Y esto acontecerá cuando el Espíritu se derrame sobre ellos (Ez 39,29). Entonces el pueblo se apartará del pecado y se le concederá un corazón y un espíritu nuevos.

El profeta Joel aporta una nueva dimensión a la obra del Espíritu: su efusión sobre toda carne y sobre ancianos, jóvenes, siervos y siervas de Dios:

«Comeréis en abundancia y os saciaréis, y después derramaré mi Espíritu sobre toda carne, vuestros hijos y vuestras hijas profetizarán, vuestros ancianos soñarán sueños y vuestros jóvenes verán visiones, y también sobre los siervos y las siervas derramaré mi Espíritu en aquellos días» (Jl 2,18-29).

Los profetas vislumbraron el día en que el Espíritu se derramará sin medida.

4. El Espíritu implorado: los salmos

En su oracional, el pueblo de Israel suplica la venida del Espíritu.

Así en el *salmo 51* el salmista pide que le sea concedido «un espíritu nuevo», bien dispuesto y obediente a Dios (vv. 10-12); y que este don sea permanente: «No quites de mí tu santo Espíritu» (v. 11).

El *salmo 139* lo corrobora: «¿adónde puedo alejarme de tu Espíritu? ¿Dónde puedo huir de tu presencia?». La respuesta es a ninguna parte, porque Dios lo tiene bajo control (v. 13). Por eso el salmista le ruega a Dios que le muestre cualquier maldad que detecte en su vida, para evitarla y ser enderezado hacia el camino eterno (vv. 23-24).

Por último, el salmista del *salmo 143* se siente abrumado por su debilidad y pide: «Enséñame a hacer tu voluntad, porque tú eres mi Dios. Tu Espíritu es bueno, me guíe por tierra llana».

5. La «trascendencia» del Espíritu

Para el discernimiento de espíritus no se debe olvidar que en el Antiguo Testamento el Espíritu Santo es *una realidad trascendente:* el «Otro», el «Santo»: el Espíritu de Dios es llamado «tu santo Espíritu» (Sal 51,11; Is 63,10-11; *ruach qodsheka,* «tu santo Espíritu»).

El adjetivo «santo» es referido frecuentemente a todo lo que pertenece a Dios. Buscar al Espíritu es buscar a Dios. Dios creó a través del Espíritu. Las obras de Dios son contempladas frecuentemente como efectos de la acción creadora del Espíritu.

El Espíritu es contemplado como el viento invisible; es detectado en los fenómenos que produce. Los hebreos habían experimentado frecuentemente los efectos del viento (Is 7,2; 41,16); con todo, los teólogos Paul Tillich y Karl Barth, advierten que los efectos de la acción de Dios, nunca deberían ser confundidos con la acción misma de Dios: el Espíritu es siempre trascendente, es un auténtico «sujeto» y no una fuerza o energía «inmanente». El Espíritu de Dios no se confunde con un espíritu humano.

No obstante esa *alteridad,* el Espíritu de Dios se manifiesta tan corpóreo y concreto como un viento de tormenta que abate los árboles y se lleva los tejados y cuya acción se puede experimentar físicamente. Lo que Israel vivió y experimentó como Espíritu de Dios supera la oposición entre cuerpo y espíritu o alma, materialismo o espiritualismo.

V. Reflexión conclusiva

Cuando en la Iglesia o en cada una de sus comunidades, o en la vida consagrada, intentamos discernir el verdadero del falso espíritu, nadie debería eludir este primer paso: ¡confrontarse con los textos del Antiguo Testamento que nos hablan del Espíritu de Dios! El Espíritu está en el «génesis» u origen de todo aquello que nace. El Espíritu se hace presente en los líderes de la comunidad que obedecen a Dios, que defienden al pueblo, que lo re-unen, que dirigen su peregrinación, que lo establecen en la tierra prometida. El Espíritu habla, denuncia y anuncia por medio de los Profetas. El Espíritu es siempre añorado y suplicado por los orantes.

La vida comunitaria en la Iglesia y en la vida consagrada está marcada por situaciones semejantes. En ellas no debemos prescindir del Espíritu de Dios. De no ser así, podemos ser conquistados por los malos espíritu del caos, de la muerte, de la mentira, de la destrucción.

La presencia del Espíritu es siempre invisible, pero no indetectable. Se conoce por sus efectos. Quien recibe el Espíritu se ve desbordado, más allá de sus propios sentimientos o pensamientos.

No eran los profetas quienes buscaban al Espíritu, sino el Espíritu quien se hacía sorprendentemente presente en ellos. A través de su Espíritu Dios lleva adelante sus propósitos en la historia y en la creación. Cuando Dios habla, el Espíritu actúa. La creación fue obra trinitaria y concluyó con el «hagamos al ser humano a nuestra imagen y semejanza» (Gn 1,26).

Cuando la vida consagrada se distancia y olvida del Espíritu, pierde su fundamento.

Capítulo 2:
El Espiritu de Jesús
se derrama sobre toda carne

Desde siempre ha existido en la vida consagrada la tentación de convertir a Jesús en un modelo a imitar, o el modelo de esta forma de vida: imitación de su obediencia, de su castidad perfecta y de su obediencia. Se ha ido desarrollando así una espiritualidad cristocéntrica, que después se ha ido armonizando con la devoción mariana. Aun reconociendo el valor de la imitación de Cristo, es necesario que la vida consagrada redescubra, sobre todo, la relación permanente que existió entre el Jesús de nuestra historia, Hijo de Dios Padre, y el Espíritu Santo que lo acompañó y estuvo presente en él desde su concepción, en el momento sublime de su Bautismo, y hasta que en la cruz Jesús «expiró», o «entregó su Espíritu». Descubrir la dimensión pneumatológica del seguimiento de Jesús, como sus discípulos y enviados, le ofrece un nuevo horizonte a la vida consagrada.

Jesús mismo remitió muchas veces a sus seguidores al Espíritu Santo. Jesús se sentía «ungido» por Él y experimentaba al Espíritu como fuente de sus palabras, de sus milagros, de sus sueños. Contemplémoslo en este capítulo.

I. El Espíritu en el «génesis» de Jesús

El evangelio de Mateo quiso introducir su texto con dos menciones de la palabra *génesis*: «libro del Génesis» (Βίβλος γενέσεως) Mt 1,1 y «el génesis de Jesucristo» (Τοῦ δὲ Ἰησοῦ Χριστοῦ ἡ γέννησις) Mt 1,18. En este «génesis» el Espíritu es auténtico protagonista.

1. A la luz de la Pascua

La mejor perspectiva para contemplar a Jesús y a su Espíritu es la que nos ofrece el misterio de la Pascua: muerte, resurrección y pentecostés. Desde esa perspectiva contemplan los evangelistas Mateo y Lucas sus evangelios de la infancia, el ministerio de Jesús y su final.

A la luz de las experiencias de la Pascua, los discípulos de Jesús releyeron la Sagrada Escritura desde la clave más auténtica: descubrieron que toda la sagrada Escritura hablaba de Jesús, el Mesías; y descubrieron también que el mismo Espíritu de los profetas se había derramado sobre Jesús y actuado en Él.

La luz de la Pascua les hizo comprender la preexistencia del Verbo de Dios: al principio era la Palabra y la Palabra era Dios… era la Luz de los hombres, y la Palabra se hizo carne y habitó entre nosotros.

2. El «nuevo génesis»

a) El nacimiento virginal: «De Spiritu Sancto ex Maria virgine»

Para el evangelista Mateo el origen de Jesús en nuestra historia fue un auténtico «génesis»[19], o el nuevo Génesis que fue posible gracias al Espíritu Santo que actuó en la virgen esposa de José, hijo de David[20]: o que, como dice el evangelista Lucas, viene sobre ella y la cubre con su sombra de modo que lo nacido de ella será «santo», «grande» y «será llamado hijo del Altísimo»[21].

Ante las zozobras del esposo José, el ángel de Dios le transmitió en sueños que «lo concebido en María, su esposa, era obra del Espíritu Santo» (Mt 1,20). En la Carta a los Hebreos se alude a este primer momento de la existencia de Jesús, el Hijo de Dios y su disponibilidad total para cumplir la voluntad del Abbá[22].

---

[19] Él inicia su evangelio con esta expresión griega «Βίβλος γενέσεως Ἰησοῦ Χριστοῦ» (Mt 1,1), que literalmente traducida significa «Libro del génesis de Jesucristo». Y en el versículo 18 utiliza esta otra expresión: «Τοῦ δὲ Ἰησου Χριστοῦ ἡ γένεσις οὕτως ἦν», es decir, «el génesis de Jesucristo fue así» (Mt 1,18).

[20] «El génesis de Jesucristo fue así: María, su madre, estaba desposada con José antes de que se estuvieran juntos, y fue hallada encinta por obra del Espíritu Santo» (Mt 1,18).

[21] «El Espíritu Santo vendrá sobre ti, y el poder del Altísimo te cubrir con su sombra; por eso también el Santo que nacerá de ti será llamado Hijo de Dios» (Lc 1,35).

[22] «Por eso, al entrar en el mundo, dice: Sacrificio y ofrenda no quisiste, pero me preparaste un cuerpo; los holocaustos y sacrificios por el pecado no te han agradado. Entonces dije: "Aquí vengo, como está escrito de mí al comienzo del libro, para hacer, oh Dios, tu voluntad"» (Hb 10,5-7).

b) El Espíritu y los personajes de la Navidad

El Espíritu que actuó en María y en Jesús, actuó —según los evangelios de la infancia— en los principales personajes de la Navidad: «ángeles», «pastores», «magos». Juan Bautista desde su concepción (Lc 1,15), Isabel, la madre de Juan (Lc 1,41), el sacerdote Zacarías cuando entonó el Benedictus (Lc 1,67) y el justo y temeroso hombre de Dios, Simeón (Lc 2,25).

3. El Espíritu en el bautismo de Jesús en el Jordán

Al ser bautizado y salir del agua Jesús «vio los cielos abiertos, y al Espíritu de Dios que descendía como paloma, y venía sobre él, mientras una voz del cielo decía: "Este es mi Hijo amado, en quien tengo complacencia"» (Mt 3,16)[23]. El Espíritu de Dios vino sobre Él y le ungió para que realizara la gran obra a la que el Padre le había destinado.

El descenso del Espíritu Santo sobre Jesús «en forma de paloma» fue sorprendente. Para los rabinos esa expresión «en forma de paloma» podía evocar el movimiento de la paloma buscando su nido y en él su reposo. El testimonio de Juan podía ir en esa línea: «He visto el Espíritu que bajaba del cielo como una paloma y se posaba sobre él» (Jn 1,32). El Espíritu encuentra en Jesús «su nido», su casa, su reposo. Y esto sugiere

---

[23] Véase también Mc 1,10-11; Lc 3,21-22, y Jn 1,32-34. Jn 3,34 nos dice que el Espíritu no le fue concedido a Jesús «con medida». Toda la realidad del Espíritu se posó sobre Él.

la nostalgia del Espíritu: el deseo inquieto y doloroso de volver a casa y su casa era Jesús[24].

En el Jordán, Jesús fue bautizado con todo el pueblo[25], no como persona privada, sino como el que representa a toda la humanidad. Recibió el Espíritu a favor de los enfermos que curaba, de los pecadores que perdonaba, de los pobres y marginados cuya compañía siempre buscaba, de los discípulos llamados a seguirle. Recibió el Espíritu como persona colectiva, como el Mesías de la nueva Creación.

II. EL ESPÍRITU EN LA VIDA Y MINISTERIO DE JESÚS

Cada vez hay entre nosotros una mayor conciencia de la necesidad de seguir elaborando una «cristología pneumatológica». Sin esa dimensión la cristología será siempre enormemente deficiente. Lo que Dios Padre ha unido, que no lo separe la reflexión teológica, ni la espiritualidad.

1. Ungido… pero no como un simple profeta

Jesús ungido por el Espíritu en el Jordán *apenas habló del Espíritu* y nunca expuso una doctrina propia acerca de Dios; Jesús dio testimonio de Dios y habló de Él en sus parábolas. Nunca utilizó la fórmula de los profetas: «así dice el Señor» u «oráculo del Señor». Su fórmula era: «…pero yo os digo…».

---

[24] «Nostos» en griego significa «el regreso»; «algia», dolor. La nostalgia expresa el deseo inquieto y doloroso por volver a casa. «Nostos», «nostoi» es un género y concepto inventado en la literatura griega antigua que centra su trama en el regreso de los héroes griegos por mar a sus tierras patrias después de la destrucción de Troya. Se expresa muy bien con el término alemán «Heimweh», o «homesicknes» en inglés.

[25] «Se estaba bautizando todo el pueblo. Y cuando Jesús fue bautizado, mientras estaba en oración, se abrió el cielo» (Lc 3,21).

Jesús decía que «el reino de Dios está ya aquí». Habló del «dedo de Dios» (Lc 11,20; 17,20-21). Se atrevió a llamar a Dios *Abbá*, «mi Padre» y «vuestro Padre». Jesús nos hizo ver que Dios está presente en el mundo como Espíritu Santo... pero siempre «más allá de nuestro control». De aquí es claro que la mejor manera de enseñar algo sobre el Espíritu Santo no es hablar mucho de Él, sino contar siempre con su misteriosa presencia y experimentar sus efectos transformadores.

Desde su origen hasta el final de su vida gozó Jesús de la presencia permanente del Espíritu.

2. El Espíritu lo lleva a la tentación

Dios Padre ungió a Jesús con su Espíritu y su fuerza (Hch 10,38) y le concedió el Espíritu sin medida (Jn 3,34). Fue el Espíritu quien lo llevó al desierto para que fuera probado por el diablo: «Jesús, lleno del Espíritu Santo fue conducido por el Espíritu al desierto» (Lc 4,1). Allí venció al Maligno en todas y cada una de sus tentaciones. Y tras su victoria sobre el diablo, regresó «con el poder del Espíritu a Galilea» (Lc 4,14.18; Mt 12,18).

Los primeros evangelios apenas se atreven a hablar de la presencia del Espíritu de Dios en los discípulos, pero sí en Jesús. Jesús es el portador del Espíritu de Dios. «Si expulso los demonios por el Espíritu de Dios...». Los sinópticos hablan frecuentemente de espíritus impuros, inmundos, malos o demoníacos; ese es el inquietante poder contra el que lucha el Espíritu de Dios en Jesús. No se reflexiona de dónde los espíritus maléficos sacan su fuerza. El mal no es explicado, ¡solo vencido!

3. *El Espíritu actúa en Jesús y a través de Jesús en su misión*

El Espíritu de Dios actuaba en Él y a través de Él: en sus palabras, en sus obras:

«Si por el Espíritu de Dios expulso yo a los demonios, es que ha llegado a vosotros el reino de Dios» (Lc 11,20).

Jesús «lleno del Espíritu santo» en el Jordán, fue conducido por el mismo Espíritu al desierto para ser tentado (Lc 4,1). Posteriormente, «impulsado por el Espíritu se volvió a Galilea» (Lc 4,14). Jesús afirmaba: «el Espíritu de Dios está sobre mí» (Is 61,1; Lc 4,18). Y también se sentía «lleno de gozo en el Espíritu» (Lc 10,21). En toda su vida Jesús se manifestaba habitado por el Espíritu

Mediante el poder del Espíritu creador como Jesús devolvía la salud a este mundo enfermo y concedía la libertad a los oprimidos. Con el poder del Espíritu hablaba, actuaba, curaba a los enfermos, expulsaba a los demonios[26]. El mismo Jesús era el rostro de Dios, que, con su amor por todos, derramaba el Espíritu. Era su energía divina la fuente de todos sus milagros, de su manera de hablar como antes nadie lo había hecho.

Al final de su ministerio Jesús ruega al Padre por sus discípulos y les promete el envío del «otro Paráclito» o defensor (Jn 14,16). A la misión de Jesús sucederá la "misión del Espíritu» que llevará a la verdad completa y hará memoria de todo lo que Jesús hizo y dijo. Jesús les prometió enviar al Paráclito «desde el Padre» (Jn 15,26), porque «es el Espíritu de la verdad que procede del Padre», y está junto al Padre. De este modo, el don del Espíritu sobre los discípulos procede —al mismo tiempo— del Padre y del Hijo (2Co 4,6).

---

[26] Cf. J. D. G. Dunn, *Jesús y el Espíritu*, Secretariado Trinitario, Salamanca 1981, p. 156.

4. En Jesús se confronta el Espíritu Santo con los malos espíritus

Aunque coinciden los tres sinópticos en lo fundamental, sin embargo, cada uno ofrece una peculiar perspectiva respecto al Espíritu Santo y al mundo espiritual.

Los tres evangelistas coinciden en que el bautismo y las tentaciones de Jesús, como su ministerio hasta la cruz ocurrieron en el poder del Espíritu Santo (Mc 1,10; Mt 3,16; Lc 3,16). Jesús está habitado por el Espíritu en su oración, en su experiencia de Dios, en su relación como Hijo del Abbá. Los evangelistas reconocían que en el ministerio mesiánico de Jesús la Palabra y el Espíritu jugaban un papel decisivo: curaciones, exorcismos, enseñanza, milagros. El evangelista san Lucas muestra un especial interés en resaltar la presencia y acción del Espíritu Santo en el día a día de Jesús.

Cuando los evangelistas hablan de los exorcismos que Jesús realiza, ponen de relieve el poder escatológico que residía en Jesús; muestran que el reino de Dios está presente y algo nuevo comienza. Jesús se sentía autorizado y empoderado por el Espíritu Santo para liberar a los oprimidos por los malos espíritus:

> «Si yo expulso los demonios por el dedo de Dios, es que el reino de Dios ha llegado a vosotros» (Lc 11,20).

El dicho de Jesús sobre *la blasfemia contra el Espíritu Santo* es una seria advertencia contra el intento de manipular la realidad, considerando el bien como mal y el mal como bien[27]. Jesús expulsaba demonios con el poder del Espíritu Santo; en cambio, sus enemigos, manipulando la realidad, decían que los expulsaba por el poder de «Belcebú, el príncipe de los demonios». ¿Cabe mayor blasfemia y confusión que llamar

---

[27] Cf. Mc 3,28-30; Mt 12,31-32; Lc 12,10.

Belcebú al Espíritu de Dios? La reacción de Jesús fue contundente: ¡para ese pecado no hay perdón de Dios![28].

El Padre concede el don del Espíritu a todos los que se lo piden (Lc 11,13).

III. El Espíritu en la muerte y resurrección de Jesús

1. Se ensancha la Tienda: compartiendo el mismo Espíritu

En el relato de la crucifixión y muerte de Jesús, se dice que Jesús exclamó: «Todo está consumado (τετέλεσται)». Y el cuarto evangelista añade: «e inclinando la cabeza entregó el Espíritu (καὶ κλίνας τὴν κεφαλὴν παρέδωκεν τὸ πνεῦμα)» (Jn 19,30). ¿Qué fue del Espíritu tras la muerte de Jesús? ¡Será siempre para nosotros un misterio! Uno de nuestros credos lo explicita con esta misteriosa fórmula referida a Jesús: «descendió a los infiernos». Como si de un terrible sábado santo de silencio y estupor se tratara. Y ¿el Espíritu?... ¡a la expectativa del querer del *Abba*! Cuando Dios Padre exclame el amanecer del día de Pascua: «Tú eres mi hijo, yo te he engendrado hoy» (Hb 5,5).

La entrega del Espíritu no es solo un momento aislado, sino el inicio de una permanente donación y entrega del Espíritu a lo largo de toda la historia humana. El Espíritu inicia

---

[28] El evangelista Marcos se refiere seis veces al Espíritu Santo. Trece veces a los «espíritus impuros o sordos (*pneuma akatharton*)». Y tres veces se refiere al espíritu humano. El evangelista Lucas se refiere al Espíritu Santo (*pneuma hagion*) diecisiete o dieciocho veces; en once ocasiones se refiere al espíritu «impuro» o «malos» espíritus, y cuatro veces al espíritu humano. El evangelista Mateo habla en once ocasiones del Espíritu de Dios o del Santo Espíritu; tres o cuatro a los espíritus inmundos y tres al espíritu humano.

un maravilloso proceso: ¡ensancha la tienda de David! Y responde al sueño del profeta Isaías (54,2-6):

> Ensancha el espacio de tu tienda, despliega los toldos de tus moradas, no ahorres; alarga tus cuerdas y refuerza tus estacas, te extenderás a derecha e izquierda, y tu descendencia se adueñará de naciones, y habitarán en ciudades abandonadas…No temas, que no quedarás avergonzada, ni te sonrojes, que no serás deshonrada, pues olvidarás la vergüenza de tu adolescencia, y no recordarás más el oprobio de tu viudez. Porque será esposo tuyo tu Hacedor, cuyo Nombre es el Señor de los ejércitos, y Redentor tuyo, el Santo de Israel, que se llama Dios de toda la tierra.

Tras la «misión cumplida» Jesús «entrega» el Espíritu. ¿A quiénes? Pues, en primer lugar, a aquella pequeña comunidad que estaba junto a la cruz: a su madre, a la hermana de su madre, a María de Cleofás, a María Magdalena y al discípulo amado. En la aparición a los Doce en el Cenáculo, Jesús resucitado se acercó a cada uno de ellos y exhaló en ellos el Espíritu, mientras les decía: «Recibid el Espíritu Santo» (Jn 20,22) y con el Espíritu quedaban capacitados para perdonar el pecado cometido por los seres humanos. Después el Espíritu enviado por Dios Padre y Jesús resucitado se derramaría sobre toda la comunidad reunida en el Cenáculo el día de Pentecostés, en donde todos quedaron llenos de Espíritu Santo (Hch 2,1-4).

El «ensancha tu tienda» seguirá a lo largo de la historia de la Iglesia y llega a nuestros días. Y ¿no es cierto que esta profecía se sigue realizando porque «todos los días es Pentecostés» (Orígenes) ¿No es verdad que cuando al parecer la vida consagrada disminuye y se disuelve, el Espíritu suscita «familias carismáticas» que se convierten en portadoras entusiastas del carisma desde diversas formas de vida cristiana?

2. El Espíritu Santo hace resucitar y nacer de nuevo

a) Jesús resucitado por el Espíritu de santidad

Después de la Pascua también la resurrección de Jesús es considerada como obra del Espíritu creador de Dios. En Rm 1,3-4 cita Pablo una vieja profesión de fe de la comunidad y afirma:

> Jesús que «nació de la descendencia de David según la carne, constituido Hijo de Dios poderoso según el Espíritu de santidad a partir de la resurrección de entre los muertos».

Esto se concibe todavía de un modo totalmente veterotestamentario. Al israelita le interesaban cosas muy concretas: si era hijo de Dios, entonces, ¿podía reinar en lugar de Dios? Por eso, Dios podía decir al rey en su entronización —según el salmo 2,7—: «Tú eres mi hijo, yo te he engendrado hoy», ya que en ese día comenzaba a reinar en lugar de Dios.

En esta línea la comunidad cristiana no se preguntaba si Jesús era o no, el Hijo de Dios, sino si Jesús —confesado sin dudas como Hijo de Dios— reinaba sobre la comunidad. Así después de su resurrección Jesús comenzó a reinar sobre su comunidad. Para Pablo era incontestable que acontecía según el Espíritu Santo.

Después de Pablo, surgieron los evangelios. Y los evangelios sinópticos identificaron el bautismo de Jesús, o su nacimiento, con el comienzo de su actuación como Hijo de Dios. Un antiguo cántico cristiano proclamaba: «se ha manifestado en la carne, ha sido justificado por el Espíritu» (1Tm 3,16) y lo mismo diría la fórmula de 1Pe 3,18: «murió en la carne, pero volvió a la vida por el Espíritu".

b) Nicodemo y la samaritana, invitados a la fiesta del Espíritu

Cuando el Espíritu Santo se hace presente en cada uno de los creyentes, la experiencia se interpreta como «un nuevo nacimiento», «un nacer de arriba o de lo alto». Por eso, los discípulos de Jesús esperan con ansia que esto acontezca.

Nuestro Señor le habló a Nicodemo de la absoluta necesidad del nuevo nacimiento para ver el reino de Dios. Cuando Nicodemo le expresó su deseo de saber cómo un hombre puede nacer por segunda vez, Jesús se sorprendió al constatar que no lo entendía, siendo sabio en Israel. Jesús le explicó que se trata de algo absolutamente «necesario»: «En verdad, en verdad os digo que el que no nazca del agua y del Espíritu no puede entrar en el reino de Dios» (Jn 3, 5; 4). Y ya, en el siguiente versículo (Jn 3,6) el Señor le explica a Nicodemo el porqué: «lo que nace de la carne, carne es; y lo que nace del Espíritu, espíritu es». Jesús, el hijo de María, había nacido del Espíritu Santo; también Jesús era espíritu.

En su conversación con la mujer samaritana (Jn 4) Jesús le ofrece una enseñanza sobre el Espíritu, aunque no lo menciona por su nombre: «El que beba del agua que yo le daré, no volverá a tener sed. El agua que yo le daré se convertirá para él en un manantial de agua que brota para vida eterna». La fuente de agua viva en el creyente es el mismo Espíritu que mora en él.

Un poco más tarde, el cuarto evangelio pone en boca de Jesús, con motivo del último día, el más solemne de la fiesta, esta exclamación: «Si alguno tiene sed, venga a mí; y beba; quien cree en mí —como dice la Escritura— de sus entrañas brotarán ríos de agua viva» (Jn 7,37-39). Y comenta el evangelista: «Se refirió con esto al Espíritu que iban a recibir los que creyeran en él, pues todavía no había sido dado el Espíritu, ya que Jesús aún no había sido glorificado» (Jn 7,39).

c) Promesa de la efusión del Espíritu en Pentecostés (Hch 2)

«Dicho esto, sopló sobre ellos y les dijo: Recibid el Espíritu Santo» (Jn 20,22). Este pasaje contiene la primera mención del Espíritu Santo después de la resurrección de Jesús. Jesús, exhalando su aliento sobre los discípulos, les comunica su Espíritu. En Gn 2,7 se dice que «el Señor Dios formó al hombre del polvo de la tierra y sopló en su nariz aliento de vida, y fue el hombre un alma viviente». Así está escrito: «El primer hombre, Adán, fue hecho alma viviente; el postrer Adán, espíritu vivificante» (1Co 15,45).

Y el día de Pentecostés, cuando todos estaban reunidos en el Cenáculo, el Espíritu Santo descendió. «Y fueron todos llenos del Espíritu Santo y comenzaron a hablar en otras lenguas, según el Espíritu les daba que hablasen" (Hch 2,1-13). Así se hizo realidad la profecía de Joel[29].

La venida del Espíritu en Pentecostés es momento constitutivo de la Iglesia. La Iglesia es el cuerpo de Cristo, no del Espíritu. El punto de partida de la eclesiología es la cristología, pero el Jesús nacido por obra del Espíritu y Ungido por el Espíritu[30]. La doble misión del Hijo y del Espíritu son constitutivos de la Iglesia.

---

[29] «En los últimos días, dice Dios, derramaré mi Espíritu sobre todos los pueblos. Sus hijos e hijas profetizarán, sus jóvenes verán visiones, sus ancianos soñarán sueños. También sobre mis siervos, hombres y mujeres, derramaré mi Espíritu en aquellos días, y profetizarán» (Hch 2,16-18).

[30] D. ZIZIOULAS, «Die pneumatologische Dimension der Kirche», *Internationale Katholische Zeitschrift* 2 (1973) 134, 135.

3. Los Hechos del Espíritu por medio de los Apóstoles

Se ha dicho muy acertadamente que el contenido del libro de los Hechos de los Apóstoles no es tanto lo que ellos hicieron por Dios y por Jesús, sino lo que el Espíritu —tantas veces mencionado— protagonizó por medio de ellos. Y, por eso, se propone denominarlo «Los Hechos del Espíritu a través de los Apóstoles».

En el texto de Lucas vemos cómo el Espíritu actúa, de forma portentosa y milagrosa a través de la sombra de Pedro, o el pañuelo de Pablo (Hch 5,15-16; 19,12); cómo la «fuerza de Dios» que se muestra es «la del Espíritu». El Espíritu es la fuerza que viene de lo alto. El Espíritu está detrás de las palabras y acciones de san Pablo y penetra en los corazones de quienes le escuchan. Los Hechos de los Apóstoles también podrían denominarse: La «Missio Spiritus» a través de los Apóstoles y sus colaboradores —hombres y mujeres—. El Espíritu actúa a veces desde la normalidad, y otras de forma absolutamente desacostumbrada.

En los Hechos se hace realidad la profecía del Bautista: «el que venga, bautizará con Espíritu Santo y con fuego» (Mt 3,11).

Tenemos en los Hechos de los Apóstoles el paradigma de un carisma y una misión compartida. La tienda de los Doce se ensancha y en ella se va concentrando una admirable muchedumbre de evangelizadores.

4. Vivir en el Espíritu

Es enormemente rica la espiritualidad que se deriva de los textos del Nuevo Testamento cuando nos hablan de nuestra vida en el Espíritu: Él nos hace reconocer nuestro pecado (Jn

16,8), nos perdona (Jn 20, 21-23; Hch 2,38). El Espíritu habita en nosotros[31]. Vivimos en Cristo y en el Espíritu[32].

En nuestra oración el Espíritu Santo clama en nosotros con gemidos inenarrables (Rm 8,26): Él es el deseo de Dios en nosotros. En el Espíritu amamos a Dios con el mismo amor con que Dios nos ama: «para que mi amor esté en vosotros y os améis con el mismo amor con que os he amado» (Jn 17,26).

La presencia del Espíritu no eclipsa nuestras facultades humanas., sino que responde a nuestros más profundos deseos como imagen y semejanza de Dios. El Espíritu ha sido derramado en nuestros corazones (Sab 7,22). Existe una sinergia entre el Espíritu y nosotros.

Pero también podemos entristecer al Espíritu Santo. Simeón el nuevo Teólogo decía que «nadie abandonará las tinieblas del alma y contemplará la luz de Santo Espíritu sin esfuerzo, sudor, violencia y tribulación»[33].

En el evangelio de Juan, como en Pablo, el Espíritu es prometido y dado a la Iglesia: el Padre *os* dará el Espíritu (Jn 14,16). El amor de Dios ha sido derramado en *nuestros* corazones por medio del Espíritu que *nos* ha sido dado (Rm 5,1-11).

---

[31] Se emplean los términos *oikei, katoikesai* (1Co 3,16; Ef 3,17). La inhabitación del Espíritu Santo: el Espíritu Santo, permanece y habita —*menei*— en nosotros (Jn 14,16-17). ¿Sois templos del Espíritu Santo y no sabéis que él habita en vosotros (*oikei en humin*)? (1Co 3,16). No es un habitar espacial, sino un ser elevados a un nuevo nivel de comunión en la vida de Dios. No es una presencia que envuelve, sino un inhabitar de Dios en el creyente. La inhabitación del Espíritu es un principio de transformación de la vida humana.

[32] Cf. 2Co 5,17; Gal 3,28; Ef 2,13; Ef 2,18.

[33] Cf. CHARBEL EL ALAM, *La acción del Espíritu Santo en la figura del Padre Espiritual según san Simeón, el nuevo teólogo,* Universidad Pontificia de México, 2019.

Para Pablo la comunidad de los cristianos es el Templo del Espíritu Santo[34].

IV. La «Ruah» de Dios: adviento, comunión, misión

Este Viento hace presente a Dios en el mundo sin esfuerzo. Le prepara el lugar y se introduce en él sin percibirlo. Lo estamos descubriendo también en la vida de la Iglesia contemporánea. Hay nuevos adviento, nuevos acontecimientos inesperados de comunión y propuestas innovadoras de misión. El Viento de Dios no cesa: a veces brisa suave, otras ... tsunami.

1. El Viento que viene: adviento

No es un Viento que nos echa fuera, sino más bien trae el fuera dentro. No decimos «Vamos... Espíritu creador», sino «Ven... Espíritu». No es el Viento el que nos hace ir, sino el que viene. El Espíritu Santo es la presencia de Dios en este mundo. Dios se da y el don está al alcance de la mano.

En las bienaventuranzas en las que Jesús dijo: «seréis consolados, veréis, seréis llamados...» (cf. Mt 5), Jesús nos habló de los caminos de la presencia de Dios. Dios está presente también en el dolor, en la muerte prematura sin haber conseguido un éxito palpable. Aunque las cosas no correspondan a lo que esperamos, el Espíritu siempre nos hace presente a Dios y nos regala sus misterios, que algún día comprenderemos. El Espíritu sopla donde quiere, y nadie sabe de antemano de dónde viene y adónde va (Jn 3,8). Pero siempre es portador de consuelo y de gracia. Es el Viento que nos trae lo Sagrado.

---

[34] Cf. 1Co 3,16-17; 6,19; 2Co 6,16; Rm 8,9; Ef 2,19-22.

2. El viento que unifica y no dispersa: comunión

Un texto solo atestigua la identidad del Espíritu con el amor y lo hace de forma indirecta y velada: «la esperanza no defrauda, *porque el amor de Dios se ha derramado en nuestros corazones por medio del Espíritu* que nos ha sido dado» (Rm 5,5).

El amor de Dios se derrama en nosotros como un viento impetuoso, como una gran llamarada de fuego. Es un amor apasionado, un amor generador. El Espíritu Santo añade constantemente nuevos miembros al cuerpo de Cristo, crea vínculos, inspira contextos, genera comunidades. El Espíritu tiende puentes entre los abismos que existen entre nosotros. Ninguna nota, ningún instrumento es incompatible con su sinfonía. El Espíritu recayó al principio sobre los paganos y arrojó a los israelitas compasivos, contra su voluntad, al mundo (Hch 10,19-20.44).

La Iglesia es la casa del Espíritu. En esta casa el sacerdocio es común (1Pe 2,5.9; 2,11–3,6). Esta casa estaba formada —en los orígenes apostólicos— por gente humilde (esclavos al servicio de sus amos paganos, no-cristianos, mujeres que atendían a sus maridos sin rechistar dentro de aquel contexto de opresión). Y con ellos y ellas estaba el Espíritu, el Viento que reúne y no dispersa, el Espíritu de la comunicación y la apertura.

«En el Espíritu» y «en la caridad» eran para san Pablo «dos expresiones intercambiables»[35]. Es lo mismo caminar en el amor que caminar en el Espíritu. El Espíritu es un movimiento poderoso que actúa dentro del corazón de los fieles, en ese centro profundo donde la persona nace para amar. El primer fruto del Espíritu es el amor acompañado de felicidad, paz,

---

[35] Cf. Rm 8,4; Ef 5,2.

bondad, amabilidad[36]. La caridad es la virtud escatológica que perdura por toda la eternidad (1Co 13,13). El Viento de Dios es «como la respiración del mundo» (Card. E. König).

3. El Viento divino de la misión

a) El Viento que actúa en espacios grandes y abiertos

¿Quién es capaz de detener o atar el Viento? ¿Quién puede detener el poderoso Viento de Dios? Toda la historia de la humanidad, desde su comienzo hasta el final, está impregnada por el Viento de Dios. El Viento de la creación original suscitó el gran contexto de la vida para los primeros seres humanos[37]. El Viento de la revelación final despertará todas las obras[38]. El Espíritu Santo es el Espíritu de la primera página del Génesis y de la última página del Apocalipsis. El Espíritu está en el origen de la vida de Jesús y de su ministerio y en el día final en que Jesús da el Espíritu y por el Espíritu se ofrece al Padre.

La profecía anunciaba la abundante efusión del Espíritu en los últimos tiempos. La venida del Reino va acompañada del despliegue del poder, de la gloria. El Espíritu es poder y gloria (Mc 9,1; 8,38). Los tiempos escatológicos son los tiempos del Espíritu. El acontecimiento escatológico tiende a hacerse universal, cósmico. La resurrección de Jesús es el misterio final, porque el Espíritu del que su resurrección es la efusión más completa, es la plenitud divina. Según Pablo, la plenitud de los tiempos ha llegado ya porque los seres humanos, movidos por el Espíritu del Hijo pueden exclamar: ¡*Abbá!* (Gal 4,4.6). Es de tal manera el Espíritu de la promesa, que todo lo que

---

[36] Cf. Gal 5,22.
[37] Cf. Gn 1,2.
[38] Cf. Ap 22,17; Rm 8,11.

Dios promete respecto a la salvación puede llamarse «espiritual». Después del don del Espíritu no hay ningún otro don. El Espíritu es la gracia suprema.

Todo el espacio histórico y geográfico está invadido por el Espíritu, porque «el Espíritu del Señor llena la tierra».

Pero no debemos esperar hasta el final. La plenitud de los tiempos acaba de llegar. En el Espíritu del Hijo podemos exclamar, gritar y gemir: ¡*Abbá!* (Gal 4,6). Si somos hijos, somos herederos. Nuestra vocación es la libertad. Los movidos por el Espíritu de Dios también necesitan espacios amplios y abiertos.

b) Se percibe, aunque aún no se vea

Jesús dijo que el mundo ignora al Espíritu, pero «vosotros lo conocéis, porque vive junto a vosotros y estará siempre con vosotros» (Jn 14,17). El Espíritu no puede ser conocido a través de la inteligencia, sino, ciertamente, a través de la experiencia: «Lo conocéis porque habita en medio de vosotros».

Donde estamos envueltos por el Viento de Dios, podemos experimentar la vida en toda su integridad, totalidad y energía, como vida sanada y redimida. Nuestros sentidos se energizan con su presencia. Sentimos, gustamos, tocamos y vemos nuestra vida en Dios y a Dios en nuestra vida. ¿Qué tiene de extraño que llamemos al Espíritu nuestro Consolador, nuestra Fuente de Vida (*fons vitae*)?

La venida del Espíritu anuncia la llegada de Jesús a nuestra vida. La relación que existe entre la primavera y el verano, el tiempo de la siembra y de la cosecha, la aurora y el mediodía, existe entre la venida del Espíritu y la venida de Jesús. Por eso el Espíritu es denominado garantía, y garantía de la Gloria (Ef 1,14; 2Co 1,22).

4. La plenitud apocalíptica del Espíritu

El libro del Apocalipsis menciona al Espíritu Santo en varios pasajes. En primer lugar, nos habla de *los siete espíritus* (Ap 1,4; 3,1; 4,5), es decir, del Espíritu Santo en Su plenitud y diversas actividades.

En segundo lugar, los capítulos 2 y 3 del Apocalipsis inician las cartas a las siete iglesias con esa fórmula: *«oiga lo que el Espíritu dice a las iglesias»*.

El Espíritu de vida es el Espíritu Santo activo en la resurrección:

«Y al cabo de tres días y medio entró en ellos el Espíritu de vida, que venía de Dios, y se pusieron en pie, y sobrecogió gran temor a los que los vieron» (Ap 11,11).

«Y el Espíritu y la esposa digan: Ven. Y el que oye, diga: Ven. Y el que tenga sed, que venga. Y el que quiera, tome del agua de la vida gratuitamente» (Ap 22,17).

Esta es la última vez que se menciona al Espíritu de Dios en la Palabra de Dios. Jesús resucitado se presenta: «Yo soy en la raíz y y el hijo de David, la estrella radiante de la mañana».

Jesús anhela venir de nuevo para recibir el Reino, el poder y la gloria. La novia es la Iglesia. El Espíritu con la Esposa clama: «¡Ven, Señor Jesús!» El Señor vendrá el día que el Padre determine y nos llevará a la casa del Padre. Y mientras esto acontezca, el Espíritu clamará en nosotros: *Maranatha*.

V. Reflexión conclusiva

Tenemos la capacidad de conectar con un mundo invisible e inaccesible: «que ni el ojo vio, ni el oído oyó, ni la mente humana pudo comprender» (1Co 2,9). Nos lo han demostrado autores sagrados inspirados y movidos por el mismo Espíritu: desde el Génesis hasta el Apocalipsis.

A lo largo del tiempo la revelación del Espíritu ha ido ensanchando la Tienda de la presencia de Dios en el mundo: desde la *Ruah* del Génesis que incubaba la creación en medio del caos hasta la *Ruah* santa del Apocalipsis que, junto con la Iglesia, clama: *¡Marana Tha!*

El mismo Espíritu acompaña y co-protagoniza toda la historia del pueblo de Israel: dirige y defiende al pueblo de Dios a través de sus líderes, lo acompaña y le habla a través de sus profetas, aviva su esperanza a través de sus sabios y apocalípticos, lo fecunda a través de las madres. La historia del pueblo se hace cada vez más significativa e interpelante para toda la humanidad. Llega a su culmen cuando el Espíritu realiza su obra maestra en el seno de la virgen de Nazaret, María. La vida, la misión, la muerte y la resurrección de Jesús marcan el punto central de la historia: Dios pone su morada en medio de la humanidad y la ensancha hacia todos los pueblos y etnias de la tierra.

Cuando Jesús sube al cielo, el Espíritu es enviado por el Padre y por el Hijo para renovar la faz de la tierra. Los diversos carismas de vida consagrada y las diferentes familias carismáticas encuentran en la historia del Espíritu su humus germinal.

Parte II:
LA «RECEPTIO» ECLESIAL
DE LA REVELACIÓN DEL ESPÍRITU SANTO
DESDE EL INICIO HASTA HOY

Sería pretencioso e insensato el intento de sintetizar la «receptio» de la revelación del Espíritu Santo en una Iglesia bimilenaria como la nuestra[39]. Pero sí es posible recorrer esta larga historia con breves paradas en eventos y personas que nos ayudarán a introducirnos en el misterio del Espíritu y a reconocernos, como familias carismáticas en Él.

Antes de su ascensión al cielo, Jesús nos prometió el envío del Espíritu Santo. Lo que parecía —en el tiempo neotestamentario— vivencial y obvio se fue complicando tras el cese de las persecuciones a los cristianos. Primero se puso en cuestión la divinidad de Jesucristo, después la divinidad del Espíritu Santo. Los Padres de la Iglesia tuvieron que realizar serios procesos de discernimiento y momentos de fuerte experiencia espiritual. Gracias a ellos, los grandes concilios pudieron formular la fe ortodoxa en los tres artículos del Credo. Fijaremos nuestra atención especialmente en el tercer artículo: «Creo en el Espíritu Santo».

La revelación del Antiguo y del Nuevo Testamento fue interpretada y «acogida» autoritativamente por la Iglesia. Los

---

[39] «Receptio» era la palabra técnica latina que expresa cómo la Iglesia acoge las verdades de la fe y cómo remodela su conducta y espiritualidad a través de ellas.

Padres, los concilios, los santos, los teólogos pusieron los cimientos de la pneumatología. La «Tienda del Espíritu» comenzó a ensancharse. Surgieron nuevos paradigmas teológicos que enriquecieron la fe y la espiritualidad[40]. Fue cada vez más fácil reconocer el protagonismo del Espíritu en la Iglesia, en el mundo (la «missio Spiritus») y de manera especial, en la «génesis» (fundación) de las diversas formas de vida consagrada (vida monástica, canonical, conventual, religiosa —femenina o masculina—) y en el surgir de nuevos modelos de espiritualidad.

¡Lástima que cuando las reglas y las constituciones o las normas canónicas asumieron una importancia excesiva, la dimensión carismática comenzó a debilitarse, con el peligro de desaparecer!

---

[40] Cf. Thomas Kuhn, *La estructura de las revoluciones científicas*, Fondo de cultura económica, 2013.

Capítulo 3:
«Creo en el Espíritu Santo»
La pneumatología del primer milenio
y medioevo

Concluida la etapa apostólica la Iglesia floreció y comenzó a expandirse. Apenas concluido el tiempo de las persecuciones contra los cristianos —con la victoria del emperador Constantino (año 323)— surgió la controversia arriana, que negaba la divinidad de Jesús; después surgió la controversia con los pneumatómacos, que negaban la divinidad del Espíritu Santo; y, finalmente surgió la cuestión del «Filioque» sobre la relación entre el Hijo y el Espíritu.

I. El Hijo, creatura del Padre: arrianismo y concilio de Nicea (325)

1. La doctrina de Arrio

El presbítero alejandrino Arrio (250-336) hacía el siguiente razonamiento: si el Padre *engendró* al Hijo, eso quiere decir que hubo un «antes» de engendrarlo, en el que el Hijo no existía, y un «después», en el cual fue engendrado. Por lo tanto, el Hijo tuvo un principio: por eso era una creatura del Padre y no igual al Padre.

El patriarca de Alejandría Alejandro —el año 319— excomulgó al presbítero Arrio por negar la divinidad de Jesucristo. A pesar de ello, los seguidores de Arrio fueron muchos y en crecimiento continuo. Ante tal situación, el emperador Constantino tuvo la iniciativa de convocar el primer concilio ecuménico, que tuvo lugar en Nicea el año 325. El objetivo era solucionar esta cuestión y establecer la fe ortodoxa de la Iglesia.

2. La respuesta del concilio de Nicea (325)

Se reunieron 300 obispos en concilio. Muchos de ellos habían sufrido persecuciones y torturas por la fe. En consecuencia, estaban muy sensibilizados para defender la ortodoxia (la fe verdadera). El obispo Eusebio de Nicomedia expuso por carta la doctrina y confesión de fe de Arrio, a quien protegía y con quien se identificaba. La mayoría de los Padres conciliares se opusieron a la doctrina de Arrio y la condenaron. También defendieron la consustancialidad del Padre y del Hijo en un único Dios. Y esa fue la confesión de fe que el Concilio de Nicea proclamó en su Credo y así condenó la doctrina arriana. No obstante, un pequeño grupo de diecisiete obispos se negó a firmar el Credo de Nicea.

En la primera versión del Credo de Nicea se proclamaba que el Hijo es «de la misma naturaleza —*homoousius*— que el Padre». Muchos obispos se opusieron a utilizar semejante término por no ser un término bíblico, sino filosófico, que podría confundir a los fieles. No obstante, el documento final lo incluyó. El texto fue el siguiente:

> Creemos en un solo Dios Padre todopoderoso, Creador de todo lo visible y lo invisible; y en un solo Señor Jesucristo, unigénito del Padre, Dios de Dios, luz de luz, Dios verdadero de Dios verdadero, engendrado no creado, de la misma sustancia con el Padre [*homoousion to patri*], por quien todo fue creado en el cielo y en la tierra... Y en el Espíritu Santo.

Finalmente, el Concilio condenó al anatema a quienes afirmasen que «hubo un tiempo en que Él (Jesucristo) no existía antes de ser engendrado; y que fue creado de la nada (*ex ouk onton*)». En cuanto al Espíritu Santo, la única declaración del Credo era: «Creemos... en el Espíritu Santo»[41].

Arrio fue exiliado por el emperador. Aun después de su muerte el arrianismo siguió expandiéndose por el imperio. Más tarde el emperador Teodosio (379) emanó un edicto en el que condenaba la herejía arriana como insensata y extravagante.

II. El Espíritu Santo, energía e instrumento de Dios

1. El Espíritu como fuerza de Dios (Macedonio) y reacciones de los Padres

Macedonio, obispo de Constantinopla (342 a 360) defendió que el Espíritu Santo no era una persona divina, sino solo una fuerza, un instrumento de Dios para actuar en nosotros y en el mundo. Los seguidores de esta doctrina fueron denominados *pneumatómacos,* es decir, «los que guerrean contra el Espíritu», o también «macedonios»[42].

Diversos Padres de la Iglesia reaccionaron.

---

[41] Cf. Henri Leclercq, «The First Council of Nicaea», en *The Catholic Encyclopedia*, vol. 11, Robert Appleton Company, New York, 1911; Giuseppe Alberigo, *Storia dei concili ecumenici,* Queriniana, Brescia 1990.

[42] M. Jugie, *De Processione Spiritus Sancti ex fontibus Revelationis et secundum Orientales dissidentes,* Roma 1936; J. Tixerant, *Histoire des dogmes dans l'antiquité chrétienne,* II, París 1930; J. Gribomont, «Makedonianismus», en *Lexicon für Theologie und Kirche*, VI, 131.314; G. Bardy, «Macedonius et les macédoniens», en *Diccitionaire Theologie Catholique*, IX, 1464-78.

- San Atanasio[43] afirmaba que el Espíritu Santo comparte con el Padre y con el Hijo la misma naturaleza divina, tal como lo ratifica la fórmula bautismal «en el nombre del Padre, y del Hijo, y del Espíritu Santo».
- San Basilio fue acusado de ambiguo porque en una ocasión cambió la fórmula tradicional por esta otra: «Gloria al Padre, con el Hijo y con el Espíritu Santo»[44]. Con todo, para probar su fe ortodoxa, se dedicó durante un año (374 al 375) a escribir el magnífico Tratado sobre el Espíritu Santo[45], en el cual evitó denominar «Dios» al Espíritu Santo.
- En cambio, san Gregorio Nacianceno en su *Oración 3* insistió en la plena divinidad del Espíritu Santo[46], y reconocía la presencia del Espíritu en nosotros y su manifestación ahora más clara que antes[47].

2. El concilio de Constantinopla (381)

Ante tal situación, los emperadores Graciano y Teodosio convocaron el concilio de Constantinopla (381). Reunidos 150 obispos, completaron el Credo de Nicea siguiendo la línea teológica de san Atanasio y san Basilio.

---

[43] SAN ATANASIO, *Cartas a Serapión* (356-362).

[44] Lo hizo en una celebración que tuvo lugar los días 5 o 7 de septiembre de 374.

[45] BASILE, *Sur le Saint-Esprit,* (Sources Chrétiennes, 17), Paris 1968.

[46] Cf. HAROLD E. ERNST, «A clearer manifestation of the Spirit: Gregorio Nacianceno sobre la divinidad del Espíritu Santo», en BRADFORD E. HINZE (ed), *The Spirit in the Church and the World, College Theology Society*, vol 49 (2003) 18-27.

[47] Cf. *Oratio* 31, 26: Fue la última de las cinco grandes Oraciones Teológicas, predicada en la Iglesia de la Anastasia de Constantinopla durante el año 380: Cf. GREGORIO NACIANCENO, (ed. P. Gallay-Maurice Joujon), «Oratio 31», en *Sources Chrétiennes*, 1978, vol. 250.

El artículo sobre el Espíritu Santo fue ampliado y en él se confesaba que el Espíritu es «Señor y dador de vida, que procede del Padre, que con el Padre y el Hijo recibe una misma adoración y gloria y que habló por los profetas». Esta profesión de fe evidenciaba que el Espíritu es Dios —como el Padre y el Hijo—, pero también que era una persona diferente de ellos: una persona de la Trinidad.

Además, hay que reconocer el enorme progreso de la pneumatología en el Concilio I de Constantinopla, al afirmar sin ambigüedades la deidad del Espíritu Santo. Nicea lo había hecho respecto a la divinidad del Hijo. Así se completó la «receptio Trinitatis» en la Iglesia.

3. El «Filioque»: Controversia y Cisma

La confesión de fe trinitaria se encontró con otro obstáculo, que se resume en la siguiente pregunta: *¿De dónde procede el Espíritu Santo?*[48].

La profesión de fe de Nicea y Constantinopla (381 d. C.) —compartida por las iglesias orientales y occidentales— confesaba que el Espíritu *«procede del Padre»* (DS 150). La profesión solemne de fe del VII Concilio ecuménico de Nicea establecía que *«el Espíritu proviene del Padre por el Hijo»*[49].

Pero a partir del siglo V en algunas iglesias occidentales (España) se añadió: *«procede del Padre y del Hijo (Filioque)»*.

---

[48] Cf. D. STANILOAE, *Der Ausgang des Heiligen Geistes vom Vater und seine Beziehung zum Sohne als Grundlage unserer Vergöttlichung und Kindschaft,* en L. VISCHER (ed.), *Geist Gottes - Geist Christi. Ökumenische Überlegungen zur Filioque-Kontroverse,* Frankfurt am Main 1981, pp. 153-163; SCHEFFCZYK, *El sentido del „Filioque",* en „Communio" 8 (1986), pp. 59-69; G. EMERY, *La procession du Saint-Esprit a „Filio" chez Saint Thomas d'Aquin,* en „Revue Thomiste" (1996), pp. 531-574.
[49] MANSI, *Collectio Conciliorum* XII, 1122.

Con todo, en el 810 el papa León II rechazó la inclusión del «Filioque» en el Credo. Solo en el año 1014 se impuso en la Iglesia de Roma el «Filioque».

Focio de Constantinopla (+891) se opuso al «Filioque» considerándolo un error de fe; y, con su carta encíclica del 866 —enviada a todos los obispos orientales— provocó el cisma entre la Iglesia oriental y occidental. Y más todavía con su tratado sobre la Mistagogia del Espíritu Santo, escrito alrededor del 885[50].

San Juan Pablo II en la homilía que pronunció en la Basílica de San Pedro el 29 de junio de 1995, en presencia del Patriarca Ecuménico Bartolomé I, expresó el deseo de que «la doctrina tradicional del "Filioque", presente en la versión litúrgica del Credo latino, fuera aclarada para expresar la plena sintonía con lo que el Concilio Ecuménico de Constantinopla de 381 confesó: "el Padre como fuente de toda la Trinidad, origen único a la vez del Hijo y del Espíritu Santo"».

En el diálogo ecuménico tanto la Iglesia de Oriente como la de Occidente coinciden en que:

1) el Espíritu «procede del Padre» (Jn 15,26) única fuente en la Trinidad; solo Él es el principio sin principio;

2) el Espíritu es el Espíritu de nuestra filiación (Rm 8,15) y es ante todo el Espíritu del Hijo (Gal 4,6), y en Él reposa en el tiempo y en la eternidad (Jn 1,32)[51].

3) El Oriente ortodoxo encontró una expresión mejor: que el Espíritu «procede del Padre por o a través del Hijo».

---

[50] Cf. S. BULGAKOV, *Il Paraclito,* Dehoniane, Bolonia 1971, pp.178-185 (teología de Focius), pp.185-229 (polémica griega y latina,s.XIII y s.XV).
[51] Servicio de Información del Secretariado para la Promoción de la Unidad de los cristianos, n. 49, p. 108, I, 6.

4. El Espíritu Santo (Pan-agion) y María, la toda santa (Pan-agia)

Al denominarla la «pan-aghia» la tradición ortodoxa habla de María, la Theotokos, como la mujer totalmente poseída por el Panagion, el Todo Santo, el Espíritu[52].

La iglesia de Oriente instauró ya desde finales del siglo VII la fiesta de la concepción de la Virgen, tras celebrar la fiesta de la anunciación y concepción de Jesús y de Juan el Bautista. En la fiesta de la concepción María era celebrada como la «pan-aghia», la toda santa, la mujer en la que no hubo el menor rastro de pecado.

Los himnos litúrgicos también se dirigían a María con calificativos como santa, santísima, inmaculada, irreprochable, sin tacha ni defecto. La oración mariana más antigua la aclamaba como «*sancta* Dei Genitrix», «virgo gloriosa et benedicta». Atanasio de Alejandría comentaba en este contexto: «El Verbo se ha hecho portador de la carne para que los hombres nos hiciésemos portadores del Espíritu… El Hijo le concedió ser portadora del Espíritu, convertirse en la plenamente santificada»[53].

---

[52] Cf. V. Tsiopanas, «La santità di Maria nell'oriente cristiano. Dottrina di Nicola Cavassilas», en AA. VV., *Esemplarità mariana nel mistero della Chiesa*. 2 Simposio (ed. Eco, S. Gabriele 1973), 47-58; G. M. Roschini, *Il Tutto Santo e la Tutta Santa. Relazione tra Maria e lo Spirito Santo. Parte I: Il quadro storico, parte 2: Sintesi dottrinale* (ed. Marianum, Roma 1976-1977); G. Jouassard, «Saintetè de Marie chez les Pères», *Bulletin de la Société Française d'Études Mariales* 5 (1947) 11-31; V. Lossky, «Panaghia», *Messager de l'Exarcat du Patriarche de Moscou en Europe Occidentale*, Paris 4 (1950) 40-50.
[53] Atanasio de Alejandría, *De Incarnatione contra arrianos*, 8: PG 26, 996.

La santidad de María fue celebrada en occidente. La fiesta de la Inmaculada Concepción de María se instituyó primero en Inglaterra (1060-1066) y después por doquier (1127). En esta fiesta se celebraba la santificación de María en el seno de Ana. San Bernardo de Claraval (+1153), sin embargo, se opuso a esta celebración; escribió la famosa carta 174 en la que decía que la Iglesia no conoce este rito, no lo consiente la razón, no lo aconseja ninguna tradición[54]. Solo a finales del siglo XV la Iglesia de Roma adoptó oficialmente esta fiesta.

La santidad de María era puesta en relación con el Espíritu Santo, principalmente en el momento de la Encarnación: «Nuestro Salvador no ha nacido de José sino del Espíritu Santo y de la santa Virgen... quienes deseen crecer en aquel que ha venido, habrán de confesar abiertamente estas tres cosas: que Él nació del semen de David y de la santa Virgen; que en Él habita el Hijo de Dios que existía precedentemente y en el que consistía consustancialmente: que Dios es su Padre y por Él fue enviado»[55]. Se establecía un admirable paralelismo entre el Espíritu *santo* y la *santa* Virgen[56].

El credo, símbolo niceno-constantinopolitano lo expresa así: «incarnatus est de Spiritu Sancto ex Maria Virgine et homo factus est». Las partículas «de» y «ex» evocan Mt 1,18.20[57]. Así como Cristo nació del Espíritu y de María, así

---

[54] Cf. Bernardo de Claraval, *Lit. 174,1:* PL 183, 333B. Y dice también: «Virgo regia falso non eget honore» (la virgen egregia no necesita ser honrada con falsedad) (c. 2).

[55] Eusebio de Cesarea, *Egl. Proph 7,3, 15-18:* GCS 23,340: PG 22, 533D-556B.

[56] Eusebio, *Teologia eclessiastica, 1,6:* CGS 14,64-65; PG 24, 833C.836A.

[57] Cf. A. Ziegenaus, «Die Empägnis durch den Heiligen Geist – Zur Kirkweise des Heiligen Geistes bei der Inkarnation», en Id (hrg), *Maria und der Heilige Geist,* Friedrich Verlag, Regensburg 1991, pp. 75-91. Dubitaciones en las fórmulas de los credos conciliares (*Mariología*, p. 257).

nace todo creyente del Espíritu Santo y del *fiat* de la virgen. Según los Padres todos nosotros hemos nacido de la *Theotokos* en el ámbito de la fe.

III. LA LEY INTERIOR DEL ESPÍRITU: «SUB INSTINCTU SPIRITUS SANCTI»

Tras el cisma con la Iglesia oriental, la Iglesia occidental emprendió su propio camino y fue elaborando su propia pneumatología. Intentaba reflexionar sobre la presencia del Espíritu en el creyente, los dones del Espíritu y su actuación en la Iglesia.

1. Fundación de nuevas órdenes religiosas

A finales del siglo XI comenzaron a florecer órdenes religiosas: los Canónigos Regulares fueron una de ellas. En el estatuto canónico de aprobación, el papa Urbano II afirmó que habían sido fundados «bajo el instinto del Espíritu Santo» (*instinctu Spiritus Sancti*), es decir movidos por la ley interior o privada del Espíritu Santo.

El Papa reconocía la existencia de dos leyes en la Iglesia: la ley pública y la ley privada: «*la ley pública o canónica* es la escrita y establecida por los Padres de la Iglesia. *La ley privada* es la que está escrita en el corazón por el instinto del Espíritu Santo; de este modo, el Apóstol habla de aquellos que tienen la ley de Dios escrita en su propio corazón; son una ley para sí mismos[58]: si eres guiado por el Espíritu, no estás bajo la ley»[59].

Estas audaces expresiones reconocen el protagonismo del Espíritu en la floración de nuevas Órdenes religiosas. En algunos surgió la pregunta: ¿cómo justificar tanta novedad?

Los siglos XI y XII son el periodo de mayor florecimiento de las comunidades canonicales, que disfrutaban de un grado de autonomía considerable. El gran teólogo Ruperto de Deutz, abad desde 1120 hasta 1129 —año de su muerte—[60], no veía con claridad la aprobación de tantos institutos; defendía una postura más restrictiva.

El premonstratense Anselmo de Havelberg (1145), en cambio, estaba a favor tanto de la vida contemplativa como de la vida al servicio de los demás, y veía en ello un desarrollo de la acción del Espíritu; fue uno de los más destacados discípulos de san Norberto; e incluso escribió a Egberto, abad de Huysburg, una carta apologética en defensa de los canónigos regulares. En ella, entre otras cosas, sostenía que no es a Marta o a María —símbolos de la vida activa y la vida contemplativa, siendo esta «la mejor parte» (Lc 10,38-42)— a quienes hay que imitar, sino a Cristo mismo, que fue, ante todo, maestro

---

[58] Cf. CH. DEREINE, «L'élaboration du statut canonique des Chanoines réguliers spécialement sous Urbain II», *Revue Histoire Ecclésiastique* 46 (1951), 534-565.

[59] B. URBANO II, *Epistolae, diplomata, sermones:* PL 151, 535; M. DUQUESNE, «S. Thomas et le canon attribué à Urbain II (c.2, C. XIX, q.2)», en *Studia Gratiana, t.*I, Bolonia 1955, pp. 415-434.

[60] No obstante, el gran abad Ruperto escribió: «Toda la Escritura —afirma— es un solo libro, que tiende hacia el mismo fin (el Verbo divino); que viene de un solo Dios y que ha sido escrito por un solo Espíritu» (RUPERTO DE DEUTZ, *De glorificatione Trinitatis et processione Sancti Spiritus* I, V: PL 169, 18).

y predicador, combinando a la perfección la contemplación y la acción[61].

2. Los dones del Espíritu Santo

A partir del siglo XII se hizo normal en el cristianismo occidental implorar los Siete Dones del Espíritu Santo. Los teólogos los describían como energías divinas para la acción. Ruperto de Deutz los interpretaba simbólicamente: la actuación del Espíritu en las siete épocas de la historia humana, o en los siete días de la creación, o en las siete edades del Mundo, o en los siete períodos de la historia de la Iglesia[62].

En ese mismo tiempo se inició la teología del septenario sacramental. Así también se prestó atención al septenario del Espíritu Santo: sus siete dones, basado en el texto de Isaías 11,2-3 —según versión de Vulgata-LXX—: espíritu de sabiduría y conocimiento (*Spiritus sapientiae et intellectus*), espíritu de consejo y fortaleza (*Spiritus consilii et fortitudinis*), espíritu

---

[61] Cf. ANSELMO DE HAVELBERG, *Cristo, modelo de perfecta contemplación y acción, como norma a imitar según el premonstratense Anselmo de Havelberg* (1138) <https://fontesmediae.hypotheses. org/4035>.

[62] Cf. RUPERTO DE DEUTZ, *De Trinitate* (1135): PL 167; cf. en SC 131 y 165. Encarnación, redención y sacramento de la Pasión son expresiones del don de sabiduría (libros I-III); los Apóstoles son manifestación del espíritu de ciencia (de las Escrituras: libro IV); el don de consejo aparece en la elección de los gentiles cuando los judíos han rechazado el Evangelio (libro V); el don de fortaleza contra los pecados aparece en los mártires, doctores y monjes (libros VI-VIII); el don de temor de Dios aparecerá en la Escatología (libro IX). Cf. J. SESE ALEGRE, *La Trinidad y el Espíritu Santo en la teología de Ruperto de Deutz,* EUNSA, Pamplona 1991.

de entendimiento y de piedad (*Spiritus scientiae et pietatis*), y espíritu de temor de Dios (*Spiritus timoris*).

En el año 1235 los siete dones eran interpretados como acciones del Espíritu Santo en nosotros y, a veces, como carismas. Santo Tomás de Aquino describía los dones como disposiciones permanentes que nos preparan para ser movidos por la inspiración divina del Espíritu santo[63].

IV. Reflexión conclusiva

La confesión de fe de la Iglesia —el Credo— se fue configurando paso a paso. Cada domingo y en las grandes fiestas la comunidad cristiana proclama su fe al recitar el Credo. En su forma institucional y litúrgica el Credo esta constituido por los tres artículos: «Creo en Dios Padre», «Creo en Dios Hijo», «Creo en Dios Espíritu Santo». No existe un cuarto artículo que diga «Creo en la Iglesia». Todo lo que confesamos después de confesar «Creo en el Espíritu Santo» pertenece a la acción del Espíritu Santo en la Iglesia y en la humanidad[64]. Es, por lo tanto, muy adecuado, decir que el Credo es un «Gloria al Padre, gloria al Hijo y gloria al Espíritu Santo" pero extendido, explicitado. Y que la doxología trinitaria es un Credo condensado.

Esta confesión de fe nos invita a superar cualquier forma de eclesio-centrismo que inconscientemente se ha ido gestando a partir de un supuesto cuarto artículo de la fe. Y nos pide que volvamos al redescubrimiento de la pneumatología, en nuestro propio tiempo.

---

[63] «*Prompte mobilis ab inspiratione divina … a Spiritu Sancto*»: Tomás de Aquino, *Suma Teológica* II-II, q. 68, a. 1 y 8.
[64] Así pensaban autores como Alejandro de Hales, Alberto Magno, Pedro de Tarantasia, Tomás de Aquino, Ricardo de Mediavilla.

Por otra parte, hay que decir que las preguntas sobre el Misterio trinitario que surgieron en los primeros siglos de la Iglesia persisten e incluso con mayor gravedad y ocultamiento entre nosotros. Aquellos cristianos deseaban ser fieles a la revelación que provenía de las Sagradas Escrituras. Hoy, el recurso a la hermenéutica, la atención a los géneros literarios no facilita el acceso al misterio de Dios, de Jesús y del Espíritu.

También se aprecia en la vida cristiana e incluso en la vida consagrada un cierto escepticismo o ambigüedad ante las preguntas tan fundamentales que se debatían en los grandes concilios del primer milenio. Los múltiples estudios contemporáneos sobre Jesús de Nazaret, el Jesús histórico y el Cristo de la fe que tanta influencia tienen en el cristianismo moderno hacen tambalearse las convicciones tradicionales sobre la divinidad de Jesús y del Espíritu Santo.

Se percibe en la vida consagrada actual un cierto escepticismo ante las cuestiones dogmáticas fundamentales, y no se abordan directamente para evitar conflictos.

La pregunta que surge es: ¿cómo influye esto en la fe personal, en el ejercicio de la misión recibida, en el testimonio?

El panorama mostrado en esta segunda parte nos muestra la no fácil *receptio*, por parte de la Iglesia, de la revelación bíblica sobre el Espíritu Santo. En su tiempo lo reconoció san Gregorio Nacianceno cuando escribió: «Actualmente, el Espíritu reside entre nosotros. Dándonos una manifestación de sí mismo más clara que antes»[65]. La Iglesia ha recibido nuevas luces y ha podido leer la Escritura de un modo nuevo. Bajo la acción del Espíritu, ha reconocido quién es el Espíritu. El

---

[65] San Gregorio Nacianceno, *Oratio* 31, 26.

Espíritu Santo es la clave para entenderlo todo: es nuestra clave hermenéutica[66].

Al iniciarse la Edad Media se trasladó el interés por el Espíritu Santo a otros ámbitos: la fundación de nuevos institutos de vida religiosa, cuya fundación se atribuye al instinto del Espíritu Santo y el reconocimiento y acogida de los dones del Espíritu Santo, que entran a formar parte del simbolismo —tan de la época— de los septenarios.

---

[66] Cf. CRAIG S. KEENER, *Hermenéutica del Espíritu. Leyendo las Escrituras a la luz de Pentecostés,* Publicaciones Carisma, Salem (Oregon) 2017.

CAPÍTULO 4:
PNEUMATOLOGÍA A PARTIR DEL VATICANO II:
DESPLIEGUE Y MODALIDADES

El papa Francisco en su homilía de canonización definió a san Juan XXIII como «el dócil al Espíritu Santo». Lo mismo cabe decir del concilio Vaticano II en su conjunto: fue el concilio «dócil al Espíritu Santo». Durante el decurso de las sesiones, se fue despertando en los padres conciliares una creciente sensibilidad y conciencia pneumatológica. Esta había quedado en gran medida ofuscada por la preponderancia —tanto en la teología como en la espiritualidad— de un cierto cristomonismo, por una parte, el auge desmesurado de la mariología de los privilegios y de una desmesurada preocupación jurídica. No obstante, el siglo XX fue testigo de movimientos intraeclesiales que secretamente pedían un concilio: el movimiento bíblico, patrístico, litúrgico, pastoral… Y, además, la clarividencia de los grandes teólogos del siglo XX, muchos de ellos consultores durante el concilio, activó en la Iglesia la teología del Espíritu o la pneumatología. Constataremos en este capítulo que así fue y cómo repercutió en la vida consagrada.

I. El Espíritu Santo en el concilio Vaticano II

El concilio Vaticano II no tuvo la intencionalidad de resolver ningún error sobre el Espíritu Santo, pero sí se inauguró en él un nuevo amanecer pneumatológico[67].

Al Concilio afluyeron como ríos de agua viva los pensamientos y propuestas de los diversos movimientos: bíblico, patrístico, litúrgico, ecuménico y espiritual. Esto ya se apreciaba en varias propuestas enviadas a la comisión ante-preparatoria[68]. Los Padres conciliares se vieron progresivamente confrontados con las fuentes vivas de la Sagrada Escritura, de la Patrística y de la gran Tradición. Las amnesias se fueron volviendo «memoria»: se fue recuperando la conciencia pneumatológica de los primeros concilios ecuménicos y se hizo muy fuerte la conexión con la Iglesia de los orígenes[69]. Y en esta línea el papa san Pablo VI —concluido ya el Concilio— pidió que a la cristología y especialmente a la eclesiología del concilio sucediera un estudio del Espíritu Santo y un nuevo culto, porque ese complemento no debía faltar a la enseñanza conciliar[70]. El papa san Juan Pablo II continuó esta propuesta, especialmente en su encíclica *Dominum et vivificantem* y sus catequesis sobre el Espíritu Santo, y el Catecismo de la Iglesia

---

[67] Cf. Miguel Brugarolas, art. «Espíritu Santo», en José R. Villar (dir.), *Diccionario Teológico del Concilio Vaticano II*, Ediciones Universidad de Navarra, 2015, pp. 372-390.

[68] Se referían a cuestiones doctrinales sobre el Espíritu Santo y a la *missio Spiritus* y su acción salvífica: J. Byrne [*Acta et documenta Concilii Oecumenici Vaticani II. Series antepraeparatoria* I, II, II, 107]; L. Godoy [*Acta et documenta Concilii Oecumenici Vaticani II. Series antepraeparatoria* I, II, VII, 585]. En esta misma línea se expresan las propuestas de las Facultades de Teología: Nereo Silanes, *La Iglesia de la Trinidad,* 359-362.

[69] Cf. Nereo Silanes, *La Iglesia de la Trinidad,* 434.

[70] Cf. San Pablo VI, *Discurso,* 6-VI-1973.

Católica[71]. El papa Benedicto XVI ofreció unas reflexiones de extraordinaria calidad teológica sobre la relación entre el Espíritu Santo y la Palabra de Dios[72].

1. El Espíritu Santo en la liturgia y la acción sacramental de la Iglesia («Sacrosanctum Concilium»)

En los primeros textos conciliares aprobados, como la constitución *Sacrosanctum Concilium* sobre la liturgia se advierte una impronta profundamente cristocéntrica, que oscurece la acción del Espíritu; por eso la liturgia es definida como «el ejercicio del sacerdocio de Jesucristo» (SC, 7). Esta perspectiva fue completada por el siguiente texto del decreto *Presbyterorum Ordinis*, que resaltó la dimensión pneumatológica:

«Pues en la Sagrada Eucaristía se contiene todo el bien espiritual de la Iglesia, es decir, Cristo en persona, nuestra Pascua y pan vivo que, con su Carne, por el Espíritu Santo vivificada y vivificante, da vida a los hombres que de esta forma son invitados y estimulados a ofrecerse a sí mismos, sus trabajos y todas las cosas creadas juntamente con El» (PO 5).

En las demás Constituciones, sin embargo, *Lumen gentium* —sobre la Iglesia—, *Dei verbum* —sobre la Palabra de Dios—, y *Gaudium et spes* el horizonte pneumatológico emerge con claridad[73]. Y en los decretos conciliares, sobre todo, en *Ad gentes*, por una extraordinaria intervención del cardenal Silva Henríquez, se introdujeron varios números introductorios sobre la misión del Padre, del Hijo y del Espíritu Santo,

---

[71] Cf. *Catecismo de la Iglesia Católica,* nn. 687-747.
[72] Cf. *Verbum Domini,* nn. 15-16.
[73] Resalta también la perspectiva pneumatológica en los Decretos *Ad gentes, Unitatis redintegratio, Presbiterorum Ordinis* y *Vita consecrata.*

para no centrarse primariamente en la acción misionera de la Iglesia (cf. LG 2; AG 2-4).

2. El Espíritu Santo en la Iglesia («Lumen gentium»)

a) El Espíritu Santo en la Iglesia

Lumen gentium, asocia la sacramentalidad del episcopado a la «especial efusión del Espíritu Santo», conferida por la imposición de las manos, por la cual los obispos «hacen las veces del mismo Cristo […] y actúan en su nombre» (LG 21). El Concilio afirma así mismo que todo el cuerpo místico de Cristo es partícipe de la unción del Espíritu con que Él está ungido (LG 10). Por eso, todos los fieles constituyen un sacerdocio santo y regio y, por ello, ofrecen a Dios, por medio de Jesucristo, sacrificios espirituales, y anuncian el poder de Aquel que los llamó de las tinieblas a su luz admirable (LG 10).

El Espíritu Santo es reconocido por el Concilio como principio vivificador de la Iglesia en su dimensión carismática. Carismas y ministerios proceden del Espíritu Santo y constituyen la Iglesia. El Concilio aborda directamente el tema de los carismas en LG 12 y en AA 3. Ambos textos tienen un fuerte carácter pneumatológico: «El mismo Espíritu Santo no solo santifica y dirige al pueblo de Dios mediante los sacramentos y los misterios y los enriquece con las virtudes, sino "distribuyéndolas a cada uno según quiere" (1Co 12,11)». También el «sentido de la fe» es fruto de la unción del Espíritu, por la que todo el pueblo de Dios participa de la función profética de Cristo.

Lo que sí desarrolló el Concilio fue la eclesiología pneumatológica al presentar la Iglesia como pueblo de Dios, cuerpo de Cristo y templo del Espíritu Santo[74]. En el decreto *Ad gentes* se dice que la Iglesia tiene su origen «en la misión del Hijo y en la misión del Espíritu Santo según el designio de Dios Padre» (AG 2; LG 2-8).

El Espíritu Santo es reconocido como principio de unidad de la Iglesia en *Unitatis redintegratio*: «El Espíritu Santo que habita en los creyentes, y llena y gobierna toda la Iglesia, realiza esta admirable unión de los fieles, y tan íntimamente une a todos en Cristo, que Él mismo es el principio de la unidad de la Iglesia» (UR, 2). En LG 4 se lee que el Espíritu Santo unifica a la Iglesia «en comunión y ministerio», y la dirige y gobierna dotándola de sus dones jerárquicos y carismáticos; AG 4 comenta: «El Espíritu Santo "unifica en la comunión y en el servicio y provee de diversos dones jerárquicos y carismáticos", a toda la Iglesia a través de los tiempos, vivificando las instituciones eclesiásticas como alma de ellas e infundiendo en los corazones de los fieles el mismo impulso de misión del que había sido llevado el mismo Cristo».

b) El Espíritu Santo y la bienaventurada Virgen María

En el capítulo VIII de *Lumen gentium* hay unas pocas referencias al Espíritu Santo en relación con la bienaventurada Virgen María[75]. Ella es presentada como «santuario del Espíritu Santo» en virtud de su maternidad divina (LG 53). Se afirma también, que el día de Pentecostés, «los apóstoles perseveraban unánimes en la oración con algunas mujeres, con María, la madre de Jesús, y con los hermanos de este» (Hch 1,14), y que Ella «imploraba el don del Espíritu que en la Anunciación ya la había cubierto a ella con su sombra» (LG 59).

---

[74] Cf. LG 2-4,17; PO 1; AG 7.
[75] Cf. LG 52, 53, 56, 59, 63-66.

3. El Espíritu y la Palabra de Dios: («Dei Verbum»)

En la constitución *Dei Verbum* sobre la divina revelación se indica que es el Espíritu Santo la Persona en quien se realiza la revelación (DV 2); así mismo al hablar de Cristo como culmen de la revelación (DV 4)

La inteligencia de la revelación es un don del Espíritu Santo (cf. DV 5). También se afirma que los apóstoles predicaron fielmente el Evangelio que habían recibido de Cristo o habían aprendido por la inspiración del Espíritu Santo (DV 7.9). Y así mismo la Tradición, que deriva de los apóstoles, progresa en la Iglesia con la asistencia del Espíritu Santo…, por quien «la voz del Evangelio resuena viva en la Iglesia y, por ella en el mundo, va induciendo a los creyentes en la verdad entera y hace que la Palabra de Cristo habite en ellos abundantemente (cf. Col 3,16)» (DV 8). «La Iglesia, enseñada por el Espíritu Santo, se esfuerza en acercarse, de día en día, a la más profunda inteligencia de las Sagradas Escrituras, para alimentar sin desfallecimiento a sus hijos con la divina enseñanza» (DV 23).

4. El Espíritu Santo en la Iglesia contemporánea («Gaudium et spes»)

La constitución *Gaudium et spes* expone también la dimensión pneumatológica desde diversas perspectivas: la vocación del ser humano —como participación de la luz y fuerza de Cristo— acontece por la mediación del Espíritu Santo (GS 10). GS 22 describe la presencia del Espíritu en el hombre nuevo.

El hombre redimido por Cristo es hecho una nueva criatura en el Espíritu Santo, y es el mismo Espíritu quien distribuye la diversidad de sus dones entre los hombres llevándolos hacia su consumación final (cf. GS 38).

La gracia del Espíritu Santo actúa no solo en quienes pertenecen a la iglesia católica, sino también en los miembros de las otras iglesias(GS 14 y 15), y también actúa de modo invisible en los hombres no cristianos, de buena voluntad, y ofrece a todos, en la forma de solo Dios conocida, la posibilidad de que se asocien al misterio pascual (cf. GS 22); pues en ellos están «semillas del Verbo» (AG 11), «una secreta presencia de Dios» (AG 9), dado que «el Espíritu del Señor llena el universo» (GS 11). El Espíritu impulsa a la Iglesia al diálogo con todos los hombres de modo que «en toda la tierra, los hombres se abran a la esperanza viva, que es don del Espíritu, de ser recibidos un día en la paz y la felicidad supremas, en aquella patria iluminada por la gloria de Dios» (GS 93).

II. El Espíritu en la teología posconciliar

1. Ante todo, la perspectiva pneumatológica

El gran teólogo protestante calvinista Karl Barth (+1968) soñaba —en sus últimos años— con escribir la teología del tercer artículo del Credo sobre el Espíritu Santo; le dedicó el último año de su vida; y era consciente de que su estudio retroalimentaría la teología de los dos primeros artículos de nuestra fe, sobre el Padre y el Hijo. Barth defendió la urgente necesidad de una cristología pneumatológica y pidió que se incluyera el *Veni Creator Spiritus* en la teología de la Creación. El Espíritu Santo es una hipóstasis como también lo son el Padre y el Hijo. El Espíritu es la donación de la revelación de Dios al hombre y, por tanto, nos concede la fe y la libertad. El Espíritu Santo refleja en nosotros su vida divina interior y nos acoge en ella dándose a sí mismo. Él es el encuentro con Dios: en el Espíritu Dios Padre y Jesús llegan a nosotros, a nuestro corazón. El Espíritu de Dios no es una obra de la creación, sino Creador de la vida (Gn 27). El Espíritu no es controlable por nosotros[76].

Paul Tillich concibió también su teología sistemática en torno al tercer artículo del Credo: «Creo en el Espíritu Santo»[77]. Y desde ahí entendió la centralidad de Jesús y la relación de nuestra fe con la cultura, la religión, la filosofía y la teología. Para él la cristología debía ser reconsiderada como Cristología del Espíritu «Spirit-Christology»[78]. También Jürgen Moltmann habla de una «cristología pneumatológica» que conduce a una «eclesiología carismática»[79].

Durante mucho tiempo —en Occidente— ha prevalecido la predilección por las categorías cristológicas. Pannenberg decía que «no hay en la teología actual un tema más difícil de tratar que la doctrina del Espíritu Santo»[80]. Si bien en la Iglesia primitiva la experiencia —personal y comunitaria— del Espíritu Santo era muy intensa, la doctrina sobre el Espíritu era titubeante[81]. Probablemente la categoría impersonal de «poder» usada para designar el Espíritu contribuyó a esta

[76] Cf. Sarah Weber, *Der Begriff Heiliger Geist bei Karl Barth*, GRIN Verlag, München, 2009.

[77] Cf. Sturm Wittschier, *Paul Tillich: Seine Pneuma-Theologie*, Glock und Lutz, Nürnberg, 1975, 10, 105.

[78] Paul Tillich, *Systematic Theology*, vol. 2, 180; vol. 3, 144.

[79] Cf. Jürgen Moltmann, *The Church in the Power of the Spirit*, 36.

[80] Wolfhart Pannenberg, «The Working of the Spirit in the Creation and in the People of God», en *Spirit, Faith, and Church*, Westminster Press, Philadelphia, 1969, 13.

[81] Eduard Schweizer, *The Holy Spirit*, Fortress, Philadelphia, 1980, 48.

dificultad[82]: esa misma zozobra se advierte en el inmediato tiempo post-neotestamentario[83].

Paul Tillich[84] y Teilhard de Chardin[85], estudiaron la conexión entre el Espíritu y la vida, el Espíritu y la materia: La vida nueva y la tierra nueva son posibles gracias al Espíritu.

Edward Schweitzer[86] constató que en el umbral del siglo XIX Hegel descubrió la presencia del Espíritu en los grandes movimientos de la historia. Karl Marx —por su parte— protestó contra esa idealización para explicar la realidad histórica a través del materialismo dialéctico. Por su parte, Schweitzer —en su experiencia misionera— vio cómo en las culturas y religiones africanas la experiencia del Espíritu era traducida como el modo o la forma de hacerse Dios presente y experimentable en el mundo. Y esta experiencia coincidía con las afirmaciones del Nuevo Testamento, en donde por doquier se constata la presencia del Espíritu, cuando se proclama que Jesús es Señor (1Co 12,3.7; 14,1-5) y donde se reconoce que el Hijo de Dios se hizo carne (1Jn 4,1-6).

---

[82] Cf. RAYMOND E. BROWN, «The Paraclete», *The Gospel According to John* (XIII-XXI) *(The Anchor Bible)*, Doubleday, Garden City, 1970, 1135-1144; GEORGE T. MONTAGUE, *The Holy Spirit: Growth of a Biblical Tradition,* Paulist Press, New York, 1976, 135.

[83] Cf. ANTONIO ORBE, *La Teología del Espíritu Santo (Analecta Gregoriana,* 158), Gregorian University, Rome, 1966; PAVEL ALEXSANDROVICH FLORENSKY, «On the Holy Spirit», en ALEXANDER SCHMEMANN, HOLT, RINEHART AND WINSTON, *Ultimate Questions,* New York, 1965, 155, 156, 141.

[84] Cf. PAUL TILLICH, *Teología sistemática III, La vita e lo Spirito,* Claudiana, Torino, 2003; donde presenta al Espíritu ante la ambigüedad de la vida.

[85] Cf. PIERRE TEILHARD DE CHARDIN, «La potencia espiritual de la Materia», en ID., *La gran Mónada. Escritos del tiempo de la guerra (1918-1919),* Editorial Trotta, Madrid 2018, pp. 211 y 222.

[86] Cf. EDWARD SCHWEIZER, *El Espíritu Santo,* Sígueme, Salamanca 1984.

2. Las metáforas para hablar del Espíritu Santo

El tercer artículo del Credo —«Creo en el Espíritu Santo»[87]— ha concentrado gran parte de la reflexión teológica posconciliar más creativa. Para conseguirlo la teología se ha visto obligada a recurrir al lenguaje metafórico y recuperar las grandes metáforas del Espíritu de nuestra tradición.

El Espíritu ha sido denominado como «el dedo de Dios Padre resucitador y del Señor resucitado, con el cual la divinidad toca nuestra historia y llega al corazón de la comunidad humana». El Espíritu ha sido considerado como «Dios en acción» (*God in act*[88]). Jürgen Moltmann, abordó la comprensión de la personalidad del Espíritu recurriendo a diversas metáforas, que él clasificó en cuatro categorías: personales (Señor, madre, juez), formativas (energía, espacio, Gestalt), metáforas de movimiento (tempestad, fuego, amor) y místicas (fuente de luz, agua, fertilidad). En su pneumatología ha resaltado, sobre todas, la metáfora de la «vitalidad que se desborda y vivifica»[89].

En su encíclica de 1986 sobre el Espíritu Santo (*Dominum et vivificantem*), san Juan Pablo II aludió a las metáforas tradicionales, pero subrayó —debido a su interés por las cuestiones éticas— la metáfora del «juicio del Espíritu sobre el poder» y

---

[87] Cf. Otto Dilschneider, *Ich glaube an den Heiligen Geist. Versuch einer Kritik und Antwort zur Existenztheologie*, Rolf Brockhaus Verlag, Wuppertal, 1969, p. 15.

[88] Ernst Käsemann, art. «Geist», en *Religion in Geschichte und Gegenwart*, 3d, edition.

[89] Cf. Jürgen Moltmann, *La Iglesia, fuerza del Espíritu: hacia una eclesiología mesiánica*. Sígueme, 1977: especialmente «La Iglesia en el presente del Espíritu», pp. 240-340; y «La Iglesia bajo el impulso del Espíritu», pp. 341-392.

el Espíritu divino (Jn 16,8) con su impacto en la conciencia como Consejero o Maestro.

Donald Gelpi utilizó dos metáforas: «la mente de Dios» —por la influencia del Espíritu que ilumina nuestro conocer y nos habla— y la metáfora de «la madre»[90]. Leonardo Boff llamó la atención sobre las dimensiones femeninas del Espíritu utilizando la metáfora de la *madre*. En el Antiguo Testamento, el Espíritu asume funciones femeninas. Según ciertas interpretaciones, la figura del Espíritu que aletea sobre el caos primitivo (Gn 1,2). La sabiduría, amada y buscada como una mujer (Eclo 14,22s) y presentada como esposa y madre (Eclo 14,26s; 15,2s), es identificada también a veces con el Espíritu (Sab 9,17), hecho común en los padres de la Iglesia antigua. En el ambiente cultural sirio y judío, en donde el espíritu es femenino, no es raro encontrar la comprensión del Espíritu como madre. En las Odas de Salomón, escrito de los orígenes del cristianismo sirio, la paloma del bautismo de Jesús es comparada con la madre de Cristo que da la leche «con los pechos de Dios»[91]. En cambio, Leonardo Boff, cuando

---

[90] Cf. Donald L. Gelpi, *The Spirit in the world,* Michael Glazier Wilmington, Delaware, 1984, pp. 110.114; Id., *The Divine Mother: A Trinitarian Theology of the Holy Spirit,* University Press of America, 1984.

[91] Cf. Leonardo Boff, *La Trinidad, la Sociedad, la Liberación,* Ediciones Paulinas, Madrid, 1987, pp. 132-133, 240, 241. En esta misma línea: M. C. Lucchetti Bingemer, «A Trindade a partir da experiencia da mulher», *Revista Eclesiástica Brasileira* 41 (1986) 73-99; Y. Congar, «Sobre la maternidad en Dios y la feminidad del Espíritu Santo», en *El Espíritu Santo,* Herder, Barcelona 1983, 588-598; L. Boff, *El rostro materno de Dios,* Paulinas, Madrid 1985; Id., *A Ave-María. O femenino e o Espirito Santo,* Petrópolis 1980.

aborda el tema de la Iglesia, Carisma y Poder, contempla el Espíritu desde la metáfora del poder organizador interno[92].

Catherine LaCugna habla del Espíritu como la *relación dinámica* de los seres humanos con Dios[93]. Gary Badcock se centra en la metáfora de la Iglesia como *templo del Espíritu Santo* y también en las dos metáforas clásicas de la *luz* (de la verdad) y el *fuego* (del amor)[94]. Sally McFague considera al Espíritu de Dios como «*el aliento de vida* que da a todos los cuerpos, a todas las formas de materia, la energía o el poder para llegar a ser ellos mismos»[95].

Elizabeth Dreyer recupera metáforas medievales en las cuales el Espíritu es contemplado como como agente de reconciliación, mensajero de Dios y dador de dones, el viento o aliento que sopla donde quiere trayendo libertad; como una ayuda a la contemplación; como el fuego del Amor que transforma los afectos; como el don de la perspicacia que conduce a una comprensión inteligente de la fe, y la capacidad de vivirla maduramente[96].

---

[92] Cf. LEONARDO BOFF, *Iglesia, Carisma y Poder: ensayos de eclesiología militante,* Sal Terrae, Santander 1992, pp. 227-260.

[93] CATHERINE M. LACUGNA, *God in communion with us. The Trinity,* en CATHERINE M. LACUGNA, (ed.), *Freeing Theology: the Essentials in Feminist Perspective,* Harper, San Francisco 1993, pp. 83-114.

[94] Cf. GARY BADCOCK, *The house where God lives: the Doctrine of the Church,* Eerdmans, 2009; ID., *Light of Truth & Fire of Love: A Theology of the Holy Spirit,* Wm. B. Eerdmans-Lightning Source, 1997.

[95] Cf. SALLIE MCFAGUE, *Models of God. Theology for an Ecological nuclear Age,* Augsburg Fortress Publishing, 1987.

[96] ELIZABETH A. DREYER, *Holy Power, Holy Presence: Rediscovering Medieval Metaphors for the Holy Spirit,* Paulist Press, 2007.

3. El Espíritu en la creación y el cosmos

a) El Espíritu en la creación

Hoy estamos descubriendo la presencia del Espíritu, en primer lugar, en la creación, como ya lo habían hecho en la antigüedad san Atanasio y san Basilio y con quienes conectó también la tradición siríaca y la ortodoxia oriental.

Aunque no muy desarrollada, sí encontramos la perspectiva del *Spiritus Creator* en los documentos del Vaticano II[97] y también en el documento del episcopado latinoamericano en Puebla[98]. A partir de ahí, se desarrolla hoy el tema de la presencia del Espíritu en la cultura, la naturaleza; la actuación del Espíritu que edifica y juzga, pero que también construye el orden civil y abate lo que destruye la sociedad. El Espíritu no es un ornato de piedad, pero tampoco el espíritu secularizado del idealismo alemán (*Geistphilosophie*).

En la teología occidental el Espíritu ha sido el gran olvidado durante siglos. Así lo reconoció el gran teólogo católico suizo Hans Urs von Balthasar en su obra sobre el Espíritu Santo que tituló *Der Unbekannte Jenseits des Wortes* (El desconocido más allá de la Palabra)[99]. Von Balthasar indicaba con ello que el Espíritu actúa misteriosamente más allá de los espacios y tiempos abiertos por el Logos de Dios. Reconocía que nuestro conocimiento sobre el Espíritu Santo es deficiente, bastante pobre. Apenas podemos hablar de Él. Para ello recurrimos a símbolos: agua, fuego, viento, paloma, aliento;

---

[97] Cf. GS 22.26; PO 26.
[98] Episcopado Latinoamericano, *La evangelización en el presente y en el futuro de América Latina*, nn. 199 -200.
[99] U. Von Balthasar, *Spiritus Creator. Skizzen zur Theologie*, III, Einsiedeln 1967, p. 97ss.

o también lo relacionamos con las ideas de energía, libertad, apertura, creatividad.

Cuando se pierde la relación del Espíritu con la creación y con toda la dimensión cósmica, entonces no hay ningún recurso para explicar el carácter y la cualidad de la realidad creada; resulta difícil relacionar el Espíritu con la naturaleza, la cultura y la vida política. El Espíritu se vuelve demasiado aislado y únicamente relacionado con objetos y acontecimientos «sagrados».

b) El Espíritu en el cosmos, en la tierra y el peligro ecológico

Leonardo Boff ha reflexionado también sobre el papel del Espíritu Santo en el nacimiento del cosmos, en la humanidad y en las esperanzas y luchas de los pobres[100]. La presencia del Espíritu se entreteje ya en los misteriosos orígenes del universo. Y ese Espíritu sigue revelándose a través de la historia de la humanidad: en el espíritu de renovación, cambio y profecía, en la historia de la Iglesia y en las luchas de nuestro propio tiempo.

El Espíritu adquiere una especial relevancia en nuestra época caracterizada por el peligro ecológico, los conflictos religiosos y la situación insostenible de los pobres; porque cuando viene el Espíritu, «los cadáveres se llenan de vida y el desierto se convierte en un jardín. A los pobres se les hace justicia, a los enfermos se les devuelve la salud, y nosotros, que somos todos pecadores, recibimos el perdón y la gracia. Esta es nuestra fe, y más que eso, es nuestra esperanza imperecedera».

---

[100] Cf. Leonardo Boff, *Come, Holy Spirit: Inner Fire, Giver of Life, and Comforter of the Poor,* Orbis, 2015.

4. El Espíritu en la Iglesia

a) El Espíritu co-instituye la Iglesia y su sacramentalidad

El movimiento bíblico, patrístico y litúrgico provocó en la Iglesia conciliar y posconciliar un nuevo interés por la presencia y la función del Espíritu Santo.

El teólogo dominico francés Yves Congar fue uno de los primeros en reflexionar sobre el Espíritu Santo y a ello dedicó los últimos años de su vida. Entre los años 1967 al 1985 publicó más de quince artículos sobre la teología del Espíritu Santo, el volumen *Creo en el Espíritu Santo* (1979-1980) y las monografías *Espíritu del hombre, Espíritu de Dios* (1983) y *La Palabra y el Espíritu* (1984)[101]. Congar nos recordó que, para los Padres de la Iglesia, *pneumatología y eclesiología* son inseparables, tal como afirmó categóricamente san Ireneo cuando dijo: «donde está la Iglesia allá está el Espíritu de Dios»[102]. El primer concilio de Constantinopla (381) ratificó esta afirmación, al explicar desde la presencia y acción del Espíritu Santo las cuatro notas características de la Iglesia: una, santa, católica y apostólica.

De todo ello dedujo Congar que el Espíritu co-instituye la Iglesia, la empodera con los sacramentos e inspira su alabanza y culto a Dios. Enfatizó, así mismo, en el hecho de que el Espíritu organiza y estructura a la Iglesia con los carismas que distribuye entre los fieles. Y resaltó la importancia de las «epíclesis sacramentales», es decir, las invocaciones al Espíritu, por medio de las cuales el Misterio se hace presente y actúa

---

[101] Cf. Y. M-J. CONGAR, *El Espíritu Santo*, Herder, Barcelona, 1991. Cf. ELIZABETH TERESA GROPPE, *Yves Congar's Theology of the Holy Spirit,* Oxford University Press, 2004.

[102] SAN IRENEO, *Adversus Haereses,* III, 24, 1.

en los sacramentos, que son auténticas acciones del Espíritu, sobre todo en la Eucaristía.

El carácter epicléptico de la vida eclesial es evidente en todos los sacramentos de la Iglesia… el sacramento de la penitencia y el poder de las llaves están enteramente bajo el signo del Espíritu Santo: el Espíritu es mencionado más de 20 veces en los *Praenotanda* del nuevo rito penitencial de 1973 y en el ritual de la Ordenación. Congar afirmó también el carácter epicléptico del sacramento del matrimonio —muy resaltado en el rito ortodoxo— y prácticamente ausente en el rito católico latino.

b) El Espíritu como «éxtasis» de Dios y presente en la historia

Christian Duquoc, teólogo dominico francés, subrayó que «el Nuevo Testamento nos presenta al Espíritu como energía, libertad, amor o comunión, memoria; cuatro funciones que relacionan al Espíritu santo con el "deseo" y la salida de sí mismo o el éxtasis. El Espíritu que el Nuevo Testamento nos presenta no es "el Ermitaño perfecto", sino el Éxtasis de Dios»[103]. Y en cuanto éxtasis, el Espíritu es la energía que exorciza la fascinación del pasado y lanza a la Iglesia hacia el futuro. La característica principal del futuro es la innovación. El Espíritu es la novedad operando aún en el mundo:

> «El Espíritu es la habitación de Dios en donde Dios está en cierto modo "fuera de sí mismo". Por eso es llamado "amor". Es el "éxtasis" de Dios hacia su "otro": la criatura»[104].

---

[103] Christian Duquoc, *Dios diferente: ensayo sobre la simbólica trinitaria*, ed. Sígueme, Salamanca 1978, p. 86.
[104] Cf. Id., *o. c.*, p. 98.

Sin el Espíritu Santo,
Dios Padre es una realidad muy alejada de nosotros,
Jesús se convierte en un personaje del pasado,
el Evangelio se convierte en escritura muerta,
la Iglesia queda reducida a una mera institución humana,
la autoridad se transforma en puro despotismo,
la misión en propaganda,
el culto en simple evocación del pasado,
y la moral cristiana en una ética para siervos.

El Espíritu es la fuerza de la vida,
habla a través de los profetas,
es el señor de la Vida[105].

Oliver Davies —teólogo laico británico— se planteó la cuestión: si Jesús fue un personaje histórico, ¿se puede decir lo mismo del Espíritu o de Dios Padre? ¿cómo entender la implicación en la historia humana y su conexión con ella? Davies reconoce que Jesús perteneció a nuestra historia, siendo como fue el Hijo de Dios encarnado; que Jesús influyó en nuestra historia para transformarla, santificarla, salvarla y liberarla. Pero la «divinidad de Jesús» que actuaba en Él estaba «oculta». Así también Dios Padre y Dios Espíritu actúan en la creación y en la historia, pero desde el ocultamiento y configurándola desde dentro. A nosotros nos queda experimentar esa acción en nuestra propia transformación y en la llamada cierta a participar en la Alianza con nuestro Dios[106]. Por eso,

---

[105] Ignacio Hazim, «Voici, je fais toutes les choses nouvelles», *Irenikon* 42 (1968) 351-352.

[106] Cf. Oliver Davies, *Theology of Transformation. Faith, Freedom and the Christian Act,* Oxford University Press, Oxford 2013; Warren S. Brown - Brad D. Strawn, *The Physical Nature of Christian Life: Neuroscience, Psychology and the Church,* Cambridge University Press, Cambridge 2012; Murphy - William R. Stoeger (eds.), *Evolution and Emergence: Systems, Organisms, Persons,* Oxford University Press, Oxford 2007, p. 320 n.11.

Oliver Davies cree que es justo creer y afirmar que el Espíritu Santo no está fuera de nuestra historia. Y esa sería la prueba testificada en los Hechos de los Apóstoles: «recibida del Padre la promesa del Espíritu Santo ha sido derramado esto que vosotros veis y oís» (Hch 2,33).

Dios Padre actúa en la historia a través de su Providencia o *creatio continuata*. El Hijo y el Espíritu hacen que la redención se convierta en *redemptio et sanctificatio continuata*. El ocultamiento de Dios Padre en Jesús, y de Jesús en el Espíritu es una forma de presencia y no de ausencia.

5. El Espíritu desde la perspectiva feminista

Elizabeth Johnson, teóloga norteamericana, exploró el concepto tradicional de «Dios» desde una perspectiva feminista. Como resultado de su reflexión escribió el libro que tituló: *La que es: El misterio de Dios en el discurso teológico feminista*[107].

La autora se confronta con la preponderancia del «masculino» en el lenguaje y las imágenes que han descrito a Dios, o lo divino, a lo largo de la historia.

Sin embargo, Elizabeth Johnson recurre al símbolo de la «Sophia» —uno de los más importantes del pensamiento cristiano— que se utiliza bíblicamente para representar la Presencia activa de Dios en el mundo. También la tradición sapiencial sostiene que Jesús es la *Sophia* encarnada, la sabiduría de Dios, enviada al mundo. También el Espíritu es presentado en la Biblia como la Sofía que activa el mundo: «vida, movimiento, resplandor de color... soplando por doquier los

[107] ELIZABETH JOHNSON, *«La que es: El misterio de Dios en el discurso teológico feminista»*, Biblioteca Herder, 2002.

vientos de renovación en la creación» y representando así el misterio de Dios.

La categoría bíblica de «Sophia» puede hacer plausibles las imágenes de Dios como Madre, que da luz al universo, que cuida de la creación, que se preocupa por el florecimiento de la «Oikos» del planeta. Johnson recurre a la imagen fiera de la osa-madre que defiende a sus crías, para no confundir la maternidad de Dios con la mera pasividad. Las metáforas femeninas son tan adecuadas como las masculinas para intentar hablar del misterio de Dios Trinidad. Hablar del Espíritu-Sofía partiendo de las imágenes bíblicas de la *shekinah*, la sabiduría y la madre. El Espíritu-*Sophia* vivifica, renueva, da poder y gracia. El Espíritu Santo es sombrío, amorfo y mal definido. Cuando se trata del Espíritu Santo, las teólogas feministas hacen hincapié en el Espíritu como fuerza y creatividad, como el que fomenta la inclusión, la justicia, la igualdad y la liberación de las personas oprimidas y las comunidades marginadas.

Cuando Elizabeth Johnson imagina nuestro acceso a la Trinidad santa, nos invita a hacerlo a partir de la mediación del Espíritu Santo; y por consiguiente «en el nombre del Espíritu, del Hijo y del Padre». ¿Por qué no otro orden (Espíritu-Hijo-Padre) y por qué no otra forma de relacionarse?

En estrecha conexión con el Espíritu, Elizabeth Jonhson habla también de María como nuestra hermana en la comunión de los santos. No le parece adecuado contemplarla como la discípula perfecta, como ideal inalcanzable, o despojada de su identidad como mujer judía del siglo I bajo el dominio colonial de Roma, ni como modelo, arquetipo, un icono, o principio femenino, ni madre ideal[108]. Desea contemplar a María en la *Communio sanctorum*.

---

[108] Cf. ELIZABETH JOHNSON, *Truly our sister: A theology of Mary in the communion of Saints,* Continuum, 2006, pp. 100-101.

Capítulo 5:
El Espíritu Santo
en el diálogo ecuménico e interreligioso

Nuevos horizontes sobre el Espíritu Santo se fueron abriendo a las Iglesias en el tiempo posconciliar. Fue el tiempo del diálogo ecuménico, interreligioso… de la teología política, la teología de la liberación, la teología de la esperanza. En ese contexto, comenzó a emerger la figura del Espíritu y a tejerse una teología pneumatológica[109].

El 1991 tuvo lugar en Canberra (Australia) la Asamblea del Consejo Mundial de Iglesias. Allí se planteó la cuestión de la relación entre la misión del Hijo y la misión del Espíritu. Los asistentes se propusieron discernir cómo y dónde está presente y actúa el Espíritu (en la creación, en la comunidad humana, en el corazón de cada persona) para enfocar adecuadamente la actividad misionera de las Iglesias. Reflexionaron así mismo sobre el «*impasse* cristológico» que surge en el diálogo interreligioso. ¿Qué sugiere la teología del Espíritu sobre la identidad, la comunidad y la naturaleza de la unidad cristiana? ¿Se trata de un Espíritu o de muchos espíritus? ¿En qué consiste la auténtica espiritualidad de la misión?

---

[109] Cf. Kirsteen Kim, *The Holy Spirit in Mission in India. Indian Contribution to Contemporary Mission Pneumatology*, OCMS, 6 de abril de 2004.

En este capítulo prestaré especial atención a las teologías de Asia que prestan una peculiar atención al Espíritu Santo y adquieren así una tonalidad intensamente pneumatológica.

I. El Espíritu en el diálogo interreligioso

1. Dios como Espíritu[110]

Muchas de las aportaciones recientes más interesantes al debate sobre la pneumatología de la misión proceden de teólogos que están reflexionando sobre el Espíritu Santo en el contexto de una comprensión cultural del espíritu y los espíritus. Este planteamiento pneumatológico difiere significativamente de la teología del Espíritu que hasta ahora hemos contemplado. Es un planteamiento que también hoy emerge en las teologías indigenistas de América, de Australia, de África.

En su *Introducción a la teología cristiana india*, Robin Boyd observa que la piedra angular de la teología cristiana india —a lo largo de casi doscientos años— ha sido la pneumatología tal como emerge del cuarto evangelio; es decir, descubrir cómo se relaciona Dios con el mundo en términos de «Espíritu». Este planteamiento refleja una concepción cultural dominante: ¡Dios es Espíritu! Y este Espíritu —como poder femenino de Dios— se encarna en la tierra[111]. En consonancia con las religiones orientales en general, las teologías cristianas asiáticas reconocen especialmente el aspecto inagotable del mis-

---

[110] Cf. Kirsteen Kim, *Mission in the Spirit: The Holy Spirit in the Indian Christian Theologies,* ISPCK, Delhi, 2003; Id. *the Holy Spirit in the World: a Global Conversation,* Orbis 2009, pp. 67-102.
[111] Cf. Robin H.S. Boyd, *An Introduction to Indian Christian Theology (revised edition),* ISPCK, Delhi 1975, pp. 241-242.

terio divino que el cuarto evangelio expresa lacónicamente cuando dice «Dios es un espíritu» (Jn 4,24). En este sentido la teología asiática nos ayuda a tomar conciencia del Espíritu universal.

2. Cristología del Espíritu

La cristología india es más una «cristología del Espíritu» que una «cristología del Logos». El punto de partida de la cristología es el reconocimiento de la obra de Dios en el mundo a través de la acción del Espíritu en la creación. Jesús llevó a cumplimiento esta obra.

Este modelo cristológico no presta demasiada atención al estudio de las afirmaciones dogmáticas sobre la persona y la naturaleza de Cristo. Los teólogos asiáticos prefieren establecer un diálogo con las tradiciones religiosas de sus pueblos y con la situación de pobreza material que los acucia. En este contexto piensan a Jesucristo, como mediador de la presencia y la salvación de Dios y del Espíritu.

La cristología del Espíritu reconoce que «Jesús no es solo el dador, sino también el receptor del Espíritu». La cristología del Espíritu también se considera un modo apto para justificar y afirmar la presencia y la actividad de Dios fuera de los límites de la Iglesia o de la cristiandad. Retoman las anteriores teologías del «Cristo cósmico», que habían sido criticadas por su condescendencia con otras religiones o ideologías.

Stanley Samartha, teólogo indio y primer Director de la subunidad de diálogo del Consejo Mundial de Iglesias, está convencido de que la verdad a la que el Espíritu Santo nos lleva («la verdad completa»), no excluye, sino que incluye así mismo la verdad contenida en otras religiones[112]. Lesslie Newbigin, teólogo misionero británico y obispo de la Iglesia del Sur de la India, sostiene que, puesto que toda la verdad se encuentra en Jesús, «el Espíritu Santo no conduce ni más allá, ni más acá, ni más lejos de Jesús»[113]. Samartha se refiere a menudo a Dios como Misterio para decir que Dios es más grande que la comprensión humana y que, aunque Jesús es el Revelador de Dios, hay lugar para otras revelaciones. Mientras que Newbigin subraya la plenitud de la revelación en Jesucristo, que ha dado a conocer lo que era desconocido. Los dos, por tanto, llegaron por diversos caminos al mismo punto: la afirmación de que la verdad es una; los dos confiesan a Jesús el Cristo como la fuente de la verdad.

3. El misterio de Dios revelado en otras religiones

Jacques Dupuis fue criticado inicialmente porque se suponía que afirmaba que «el misterio de Dios no se agota en la revelación de Jesucristo, sino que también se revela en otras religiones»[114]. Desde la perspectiva de Dupuis, la cristología del Espíritu es otra forma de decir más allá de la cristología está la Trinidad, está la pneumatología; y, por lo tanto, es legítimo entender el acontecimiento de Jesucristo desde la

---

[112] Stanley J. Samartha, *Courage for Dialogue: Ecumenical Issues in Inter-Religious Relationships*, WCC, Geneva 1981; Id., *One Christ - Many Religions: Towards a Revised Christology*, Orbis Books, Maryknoll, NY 1991; Id., *The Pilgrim Christ – Sermons, Poems, and Bible Studies*, ATC, Bangalore 1994.

[113] Cf. Lesslie Newbigin, *The Light Has Come: An Exposition of the Fourth Gospel*, Handsel Press, Edinburgh 1982; Id., *The Open Secret: An Introduction to the Theology of Mission* (revised edition), B. Eerdmans, Grand Rapids 1995.

[114] Jacques Dupuis, *Toward a Christian Theology of Religious Pluralism*, Orbis Books, Maryknoll 1997.

perspectiva de la presencia y actividad del Espíritu Santo de Dios no solo en Él, sino también en el mundo desde la creación hasta el envío del Espíritu Santo al mundo por medio de Cristo resucitado. Desde esta perspectiva el Espíritu nos lleva hacia la «verdad completa» (Jn 16,13). La verdad completa está centrada en Jesucristo, pero abarca así mismo la obra del Espíritu en toda la creación y en la humanidad.

II. El Espíritu desde el diálogo interreligioso en India

Robin H. S. Boyd señaló que el concepto de Espíritu Santo puede traducirse en sánscrito por medio de términos diferentes —*atman, antaryamin* y *shakti*—. Cada uno de ellos procede de tradiciones diferentes y tiene diferentes connotaciones[115].

1. El Espíritu como «atman»

Las palabras *atman* (espíritu, alma, yo), *paramatman* (Espíritu Supremo) y *antaratman* (espíritu interior) proceden de la doctrina *advaita* del hinduismo clásico: es la doctrina de la no-duplicidad, pues *advaita* significa «unidad» o, más literalmente, «no dualidad».

Describir el Espíritu como *atman* llama la atención sobre la dimensión interior, el espíritu interior, y su unión con el Espíritu universal, *Brahman*. Espíritu significa «el principio unificador de la Divinidad y, por tanto, del universo». Por eso, George Gispert-Sauch propone que la traducción más adecuada de *atman* sea «fundamento del ser», y no tanto

---

[115] Cf. Robin H. S. Boyd, *An Introduction to Indian Christian Theology (revised edition)*, ISPCK, Delhi 1975.

«alma» o «yo»[116]. En esta misma línea, el asceta católico Abhishiktananda describió al Espíritu Santo como «el Advaita de Dios, el misterio de la no dualidad del Padre y el Hijo»[117].

Vandana, líder del movimiento católico de los ashrams, presentó la espiritualidad de los ashrams desde un enfoque holístico de la vida: la espiritualidad fluye de la unión con el Espíritu Único y, por tanto, de la conexión con el universo y con las personas «espirituales», independientemente de su sexo, casta y religión[118].

Para Stanley Samartha la imagen del Espíritu como principio unificador de la Divinidad y, por tanto, del universo, subyace a toda teología del diálogo interreligioso. La filosofía *advaita* (de la no-dualidad) proclama que el Espíritu universal, «sin ataduras» o advaita ofrece una «visión unitiva» y tiene el poder de mantener unidas a las comunidades y permite el «cruzar fronteras» en el diálogo. El diálogo en sí mismo no consiste en un método o una técnica. Para Samantha el diálogo es como «un estado de ánimo, un espíritu, una actitud de amor y respeto» hacia «nuestros vecinos de otras creencias». Es decir, el diálogo tiene lugar en el «ambiente» del Espíritu[119].

---

[116] Cf. GEORGE GISPERT-SAUCH, «*Atman*», en *Vidyajyoti Journal of Theological Reflection* 63/1 (1999).

[117] Cf. SACCIDANANDA ABHISHIKTANANDA, *A Christian Approach to Advaitic Experience* (revised edition), ISPCK, Delhi 1984.

[118] Cf. VANDANA (ed.), *Christian Ashrams - a Movement with a Future?*, ISPCK, Delhi 1993.

[119] Cf. STANLEY J. SAMARTHA, *Courage for Dialogue: Ecumenical Issues in Inter-Religious Relationships*, WCC, Geneva 1981; ID., *One Christ - Many Religions: Towards a Revised Christology*, Orbis Books, Maryknoll, NY 1991; ID., *The Pilgrim Christ – Sermons, Poems, and Bible Studies*, ATC, Bangalore 1994.

2. El Espíritu como «antaryamin»

Otra palabra utilizada para designar al Espíritu Santo es *Antaryamin*, «El que mora». Es un término de la tradición *bhakti* de devoción a una deidad personal. En la década de 1930, el obispo A. J. Appasamy utilizó esta palabra, *antaryamin*, para referirse a la inhabitación de todas las personas de la Trinidad. El *bhakti* está tan cerca de lo divino que no necesita mediación ni, por tanto, una teología explícita del Espíritu Santo. La presencia de Dios en la creación se afirma en la Biblia desde el principio. La experiencia cristiana del Espíritu Santo es una intensificación de la presencia general del Espíritu que la precedió[120].

Vengal Chakkarai consideraba que el Espíritu Santo es la presencia continua de Jesús resucitado: «el Espíritu Santo es Jesús mismo que se instala en nosotros»[121]. Para el *bhakta*, la unión con Cristo es una experiencia inmediata que fluye de la devoción amorosa; por eso, el *bhakti* tiene tanto atractivo popular; es como un movimiento religioso carismático en muchos lugares de la India.

3. Espíritu como «shakti»

La tradición *shakti* deriva del concepto pre-ario de «energía primigenia» o el poder femenino de la creación. El Espíritu universal o Brahman se manifiesta en el poder *Shakti*: en este caso el Espíritu llega al mundo desde afuera, no desde dentro

---

[120] Cf. A. J. Appasamy, *The Christian Bhakti of A. J. Appasamy – A Collection of his writings* (1992). [Published by T. D. Francis, for the Christian Literature Society, on 1. 'Inner life', 2. 'Christian theology: an Indian perspective', 3. 'Hinduism', 4. 'Christ and Hinduism'].

[121] Cf. Vengal Chakkarai, *Jesus the Avatar* (Madras, 1932); reproduced in P. T. Thomas (ed.), *Vengal Chakkarai* Vol. I (Madras: CLS for UTC, 1981), pp. 42-198.

y potencia el proceso evolutivo de la creación que repercute en una humanidad mejor.

Esta visión del shakti deriva de la filosofía de Aurobindo Ghose[122] y estuvo sustentada por Chenchiah Pandippedi, que fue el líder de un grupo de teólogos indios radicales conocido en los años 30 como el «Grupo de Replanteamiento» de Madrás[123]. Chenchiah basó su teología del Espíritu en una concepción dinámica de *shakti*, en lugar de la más estática *antaryamin*; y confiaba en que simplemente la existencia de Cristo llevaría a la humanidad hacia un nuevo universo; el proceso de cambio sería inconsciente y el Espíritu, como un gas misterioso, iría infundiéndose en la historia. El cristianismo en clave «shakti» no dependería de sus doctrinas o instituciones, sino simplemente de su conexión permanente con el Espíritu Santo.

Samuel Rayan —teólogo, defensor de los derechos de los marginados o *dalits* en India— ofreció una especie de pneumatología de la liberación. Según Rayan, el corazón del evangelio cristiano es «el Espíritu Santo, el Espíritu de Dios y de Jesucristo». Y describe al Espíritu —inspirado por la tradición shakti— como «soplo de fuego», que viene no a adormecernos, sino a recrear la tierra. Y el Espíritu está presente no en la euforia etérea —denominada carismática— sino en el compromiso y acción. Por eso, abogaba por la «lucha espiritual» contra la violencia, la opresión y la injusticia para redistribuir los recursos de la tierra a favor de todos. Entendía la tierra como una «realidad teológica y litúrgica». Rayan ha sido considera-

---

[122] Cf. ROBERT A. McDERMOTT, *The essentials Aurobindo* (1974).
[123] D. A. THANGASAMY, *The Theology of Chenchiah with Selections from His Writings*, CISRS, Bangalore 1966.

do —en los círculos ecuménicos— como una voz profética y autorizada de la Ecoteología[124].

La naturaleza femenina de *shakti*, por otra parte, resulta especialmente atractiva para las teólogas feministas, que han utilizado esta tradición para asociar lo femenino y la naturaleza y, así, motivar el compromiso ecofeminista con la liberación tanto de la mujer como de la creación.

III. Espiritualidad, misión desde otra perspectiva

1. Discernir el Espíritu

El discernimiento del Espíritu en la teología india depende de la corriente teológica que se asuma. Se puede constatar en tres teólogos de finales del siglo XX.

Según Stanley Samartha, ecuménico metodista, el Espíritu de la verdad es el Espíritu del diálogo: crea apertura a los demás y permite «el tráfico a través de las fronteras» de una religión y otra. Está el Espíritu allí donde las comunidades humanas se unen en la tarea de construir una nación, donde hay respeto mutuo y colaboración. Este modelo está en línea con el cuarto Evangelio[125].

Sister Vandana —de la Sociedad del Sagrado Corazón— intentó tender puentes entre cristianos e hindúes. Su deseo era inculturar el Evangelio teniendo en cuenta las tradiciones

---

[124] Cf. Samuel Rayan, «Theology as Art», *Religion and Society* 26/2 (1979) 77-90; Id., *The Earth is the Lord's*, in David C. Hallman (ed.), *Ecotheology: Voices from South and North,* WCC/Orbis Books, Geneva/Maryknoll 1994, pp. 130-148; Id., *Breath of Fire -The Holy Spirit: Heart of the Christian Gospel,* Geoffrey Chapman, London 1979, p. vii.

[125] Stanley J. Samartha, *Courage for Dialogue: Ecumenical Issues in Inter-Religious Relationships,* WCC, Geneva 1981.

hindúes de espiritualidad: según ella el Espíritu se revela y actúa en la experiencia espiritual común de hindúes y cristianos. La experiencia de la unidad del ser interior con el Ser Divino o de la unidad del Hijo con el Padre. El Espíritu del agua de la vida genera la paz y la armonía religiosa. Este modelo se inspira también en el cuarto evangelio[126].

El teólogo jesuita Samuel Rayan descubre la acción del Espíritu en los movimientos de liberación de los pobres y oprimidos. Lo describe como «soplo de fuego» o viento incontrolable que consume las estructuras injustas que oprimen a los pobres y los libera para que experimenten la buena nueva del reino donde hay «pan para los sin pan» y «vino para los sin vino». El modelo bíblico que inspira su visión del Espíritu es el evangelio de Lucas[127].

2. Configuraciones interreligosas de la espiritualidad

Existen en la India diversas espiritualidades (hinduismo advaítico, devoción *bhakti* y *shaktismo*) y por ello no es fácil definirla. En todo caso, la fe en el Espíritu explica por qué la teología asiática da tanta importancia a la interioridad y la experiencia del misterio; no se reduce a ofrecer proposiciones teológicas, sino a expresarlas en símbolos y mitos con expresiones culturales y artísticas diversas.

La espiritualidad del *atman* y *antaryamin* están en armonía con las teologías del Espíritu de paz; fomentan la cooperación y el respeto mutuo y propician la armonía personal y religio-

---

[126] VANDANA, *Waters of Fire*, third edition, ATC, Bangalore 1989.

[127] Cf. SAMUEL RAYAN, *Breath of Fire - the Holy Spirit: Heart of the Christian Gospel*, Geoffrey Chapman, London 1979; ID., «The Earth is the Lord's», en DAVID C. HALLMAN (ed.), *Ecotheology: Voices from South and North*, WCC/Orbis Books, Geneva/Maryknoll 1994, pp. 130-148.

sa. Esta espiritualidad enfatiza en la inculturación del Evangelio. La espiritualidad de la *shakti no brahmánica,* contempla al Espíritu como fuego, que refina y humaniza la sociedad, que opta por la liberación de los pobres y denuncia el sistema de castas como una de las principales causas de su pobreza.

Los teólogos cristianos asiáticos son conscientes de que el Espíritu precede a la Iglesia. La misión cristiana se inicia reconociendo la presencia previa del Espíritu y cooperando con Él. De ahí la importancia que tiene siempre el discernimiento de espíritus. Por eso, se impone una cristología del Espíritu, dado que en otras creencias la misión del Espíritu precede y va más allá de la encarnación de Jesús.

Para Jyoti Sahi el arte puede ser también un vehículo teológico a partir de los tres horizontes: *advaita, bhakti* y *shakti*: la herencia del bhakti lleva a muchos teólogos a expresarse en poesía y canto[128]. Del mismo modo Samuel Rayan describe al Espíritu como un poeta que «ve y percibe simbolismos, relaciones y significados...» y los marca para inspirar acciones de liberación[129].

La danza es otro motivo de inspiración. Vandana compara al Espíritu en el Evangelio de Juan a la «danza de las aguas»[130]. Así, la teología india refleja la conciencia de la creatividad y la ilimitación del Espíritu de Dios.

---

[128] Cf. JYOTI SAHI, *Stepping Stones: Reflections on the Theology of Indian Christian Culture,* ATC, Bangalore 1986.

[129] Cf. RAYAN, SAMUEL, «Theology as Art», *Religion and Society* 26/2 (1979), 77-90.

[130] Cf. VANDANA, *Waters of Fire,* ATC, Bangalore 1989.

3. El Espíritu en la misión pastoral

La doctrina del Espíritu Santo desempeña un papel muy importante en la comprensión de la vida y la misión cristianas de Yonggi Cho[131]. Este autor hizo repetidas referencias al Espíritu Santo a lo largo de sus escritos de tipo pastoral y vivencia. Se coloca en la línea pentecostal clásica y tiene la convicción de que hablar en lenguas es la «evidencia inicial» del bautismo en el Espíritu Santo, como experiencia de un nuevo nacimiento. Considera que la vida cristiana progresa hacia una fe más profunda a medida que uno se llena del Espíritu Santo. A través del Espíritu, uno recibe «conocimiento revelacional» en contraste con el «conocimiento sensorial».

Cuando Cho se refiere al Espíritu Santo como el que atraviesa las épocas haciendo presentes los grandes acontecimientos del pasado, existe un gran potencial para que tal comprensión se desarrolle aún más, como puede verse en la pneumatología de la ortodoxia oriental. La pneumatología es una realidad práctica y no solo una doctrina. Esta pneumatología práctica se traduce en una forma de vida que incluye rasgos extraordinarios e impredecibles.

Cho considera al Espíritu Santo como el «Senior Partner» (socio principal) en la acción misionera y pastoral. Para que ello acontezca el cristiano ha de cultivar una íntima «comunión con el Espíritu»: ser casa en la que inhabita el Espíritu

---

[131] Cf. YONGGI CHO, *The Holy Spirit my senior partner. Understanding the Holy Spirit and his gifts,* Creation House, Florisa 1989.

IV. La otra perspectiva: ¿pneumatología y «espiritualidad cuántica»?

Siempre hemos afirmado que *el espíritu y la materia son conceptualmente distintos*. Sin embargo, la física moderna nos habla de materia que es creada por la observación y de energía que se materializa, *¿qué teólogo se animaría a decir que espíritu y materia están absolutamente separados y sin continuidad?*[132] Veámoslo.

1. La espiritualidad del «quantum» o «el espíritu de la materia»

La teología del *quantum*, también conocida como «espiritualidad cuántica o física espiritual», es un concepto filosófico y metafísico que se basa en la interpretación de la física cuántica y sus implicaciones en la naturaleza de la realidad y la conciencia humana[133].

El término «cuántico» proviene de «quantum», que es la unidad más pequeña que constituye la luz. En el nivel más pequeño de lo material, el nivel de las partículas elementales es todo energía. La materia es luz condensada. Las partículas y las antipartículas se aniquilan entre sí, dando lugar a la aparición de la energía radiante y de la pura energía. En el mundo cuántico surgen procesos de creación y destrucción, demostración científica de que energía y materia no son más que dos

---

[132] Cf. J. I. Castro, «Teorías físicas contemporáneas y espiritualidad», *Revista Cuadernos Ciencia y Espiritualidad* 13 (2008).

[133] El físico austríaco Fritjof Capra ha sido un defensor prominente de la integración de la física cuántica con la espiritualidad. En su libro *El Tao de la Física*, Capra propuso una analogía entre los conceptos de la física cuántica y las creencias del taoísmo y el budismo: F. Capra, *El Tao de la Física,* ed. Sirio, 2017.

polos de la misma esencia, de una única sustancia universal. El mismo ser humano está formado de esta misma sustancia universal: luz pura y radiante. Cada uno de nosotros es un sistema de energías en vibración continua. Nuestros cuerpos crean bandas de energía electromagnética con una determinada amplitud de onda que les permite, al mismo tiempo, emitir y absorber información. Aquí estamos en continua comunicación con una matriz cuántica universal de carácter holográfico.

Según la física cuántica todo en el universo está entrelazado de alguna manera; y esto tiene consecuencias a la hora de entender la espiritualidad. Tradicionalmente hemos creído en la fragmentación entre la materia y el espíritu; pero si se contempla la realidad de forma más unitaria, entonces habrá que decir que los avances en la física cuántica pueden enriquecer nuestra comprensión de la espiritualidad y la relación entre el ser humano y el cosmos[134].

2. Universo participativo y co-creativo

O'Murchu afirma que —según la física cuántica— el observador participa y está profundamente involucrado en el proceso de la creación de la realidad; que vivimos en un universo participativo y co-creativo, donde nuestras acciones y conciencia influyen en la realidad que experimentamos; que tenemos un papel activo en la creación de nuestro mundo. Esto tiene implicaciones espirituales al resaltar nuestro papel activo en la creación de nuestro mundo y cómo nuestras elecciones y actitudes pueden tener un impacto en nuestra vida y en la comunidad global[135].

---

[134] Cf. DIARMUID O'MURCHU, *Quantum Theology: Spiritual implications of the New Physics,* Crossroad, 2004.
[135] ID.

De esta manera estamos confrontados con la misteriosa y trascendente naturaleza de la realidad. O'Murchu argumenta que esta apertura a lo misterioso y trascendente es esencial para una espiritualidad viva y dinámica, ya que nos permite reconocer que hay aspectos de la realidad que van más allá de nuestro entendimiento y que pueden ser objeto de exploración y contemplación espiritual. La idea del «espíritu de la materia» es una perspectiva filosófica y metafísica que sugiere que toda la materia en el universo tiene una dimensión espiritual o energética que va más allá de lo que puede ser medido o percibido por los sentidos físicos.

La materia tiene todos los rasgos de un ente espiritual. Nadie ha logrado —ni presumiblemente logrará— verla, tocarla, olerla, oírla o gustarla. Lo que se presenta a nuestros sentidos es una inmensa cantidad y variedad de fenómenos y cuerpos, y solo por una abstracción mental, esto es, espiritual, decidimos que ellos son expresiones de «la materia».

3. El Espíritu desde la perspectiva del «quantum»

a) La posibilidad de una conciencia universal

Según la teoría del «quantum» sugiere la posibilidad de una forma de conciencia o inteligencia universal que conecta todo en el universo; y que la meditación y otras prácticas espirituales pueden ayudar a las personas a conectarse con esta conciencia universal.

Esto ha llevado a algunas personas a creer que existe una conexión entre la física cuántica y la espiritualidad: el médico y escritor indio-estadounidense Deepak Chopra ha escrito extensamente sobre la relación entre la física cuántica y la espiritualidad en sus libros *La curación cuántica*[136] o *El libro de los secretos*[137]. Otros autores afirman que las leyes cuánticas pueden explicar la naturaleza de la realidad y la conciencia humana[138].

Según esta perspectiva, la materia no es simplemente una colección de átomos y moléculas sin sentido, sino que tiene una dimensión espiritual o energética que le da vida y propósito. La física contemporánea sugiere que en los fenómenos de la naturaleza se encuentran siete cualidades propias del concepto de «espíritu»: indeterminación, movimiento, inmaterialidad, perfección, unidad, inagotabilidad y misterio. Estas características son cualitativas en el plano metafísico; sin embargo, en el plano físico son cuantitativas. Según la teoría cuántica el observador genera la realidad. Por lo tanto, la espiritualidad no es considerada —desde la perspectiva del *quantum*— como *fuga materiae*, sino como una espiritualidad que emerge y se descubre en la realidad viviente.

---

[136] Cf. DEEPAK CHOPRA, *Curación cuántica: Las fronteras de la medicina mente-cuerpo,* Gaia Ediciones, 2014.

[137] DEEPAK CHOPRA, *El libro de los secretos: descubre quiénes somos, de dónde venimos y porqué estamos en esta vida,* Debolsillo, 2016.

[138] Cf. DIARMUID O'MURCHU, *Quantum Theology: Spiritual implications of the New Physics,* Crossroad, 2004. El físico indio Amit Goswami —en su libro «La física de la conciencia»— ha defendido la idea de que la conciencia humana juega un papel fundamental en la física cuántica; y que la física cuántica respalda la idea de que la conciencia es la base fundamental del universo: cf. AMIT GOSWAMI, *Physics of the Soul: The Quantum Book of Living, Dying, Reincarnation, and Immortality,* Hampton Roads Publishing, Revised edition, 2013. La periodista británica Lynne McTaggart ha dado voz popular a esta relación entre la física cuántica y la espiritualidad en varios de sus libros: cf. LYNNE McTAGG, *El campo: la fuerza secreta que mueve el universo,* ed. Sirio, 2006.

b) Lo que se podría imaginar

Desde la teoría del quantum podría imaginarse el Espíritu como una «mente» fuera del espacio-tiempo, en esa zona de la realidad que escapa a nuestra posibilidad de observación directa; una mente sin tiempo (eterna) y sin espacio (ubicua), capaz de generar esos entes ideales que llamamos «el número» y «la figura». Podríamos imaginar un espíritu puro que es «energía» y que expresa su energía bajo forma y apariencia de materia, cambio y evolución.

Imaginemos una mente escondida en lo no observable, pura, perfecta, matemática, creadora de la realidad y dueña del azar estadístico de los fenómenos, eficaz y eficiente a través de sus ideas, de sus conceptos, de su «logos», de su palabra.

El cuarto evangelio se inicia así: «En el principio era la Palabra (el "logos", es decir, la idea, el concepto) y la Palabra estaba en Dios, y la Palabra era Dios.... Todo se hizo por ella y sin ella no se hizo nada de cuanto existe» (Jn 1,1ss).

Hoy, gracias a los aportes de la ciencia, vemos que la espiritualidad podría convivir armónicamente con el ejercicio de la razón y que la razón debería prepararse para hacer el análisis de la realidad desde una visión muchísimo más integradora y holística.

V. Reflexión conclusiva

Tras largo tiempo de olvido estamos redescubriendo la pneumatología o la teología desde la perspectiva del Espíritu; y del Espíritu que irrumpe y se hace presente, no solo en el ámbito privado e íntimo, sino también en el ámbito público, social y político, ecológico, cósmico[139].

El Espíritu ya no es considerado como «una añadidura», una nota al pie de página para mantener el equilibrio trinitario[140]. Por medio del Espíritu —«el dedo de Dios»— la divinidad toca la historia. El Espíritu es, no solo el punto final en el movimiento de la Trinidad hacia la humanidad, sino también y al mismo tiempo, el inicio de ese movimiento[141]. Nuestra primera experiencia de lo divino es siempre la del Espíritu. Y en Él experimentamos a Jesús y a Dios Padre.

Y es así como hemos ido descubriendo la dimensión pneumatológica de la justicia social, de la reconstrucción económica, del desarrollo humano, de la ecología integral. La categoría de «comunión es —dice el documento del Episcopado Latinoamericano reunido en Puebla— una categoría pneumatológica y trinitaria que nos ayuda a integrar los elementos religiosos, sociales y políticos»[142].

Pues bien, en esta línea la vida consagrada es comprendida no solo como una fundación cristológica sino también

---

[139] Cf. Kilian McDonnell, «The determinative doctrine of the Holy Spirit», *Theology today* (pp. 142ss); Ernst Käsemann, «Ministry and Community in the New Testament», en *Essays on New Testament Themes*, Studies in Biblical Theology 41, SCM Press, London, 68.

[140] Harold H. Ditmanson, «The Significance of the Doctrine of the Holy Spirit for Contemporary Theology», en *The Holy Spirit in the Life of the Church,* ed. Paul D. Opsahl, Augsburg, Minneapolis, 1978, 206.

[141] Cyprian Vagaggini, «From the Father, Through Christ, In the Holy Spirit, To the Father: The Liturgy and the Christological-Trinitarian Activity in the Divine Plan», en *Theological Dimensions in the Liturgy,* Liturgical Press, Collegeville, 1976, pp. 171-246.

[142] Documento de Puebla, *La Evangelización en el presente y en el futuro de América Latina*, nn. 211-219.

pneumatológica. El Espíritu, que sopla como quiere y donde quiere,

- realiza su misión derramando sus dones carismáticos;
- concita a hombres y mujeres, a comunidades y grupos a colaborar con Él en su «missio»;
- origina en la Iglesia la pluriformidad de formas de vida cristiana, y entre ellas la vida consagrada;
- es contemporáneo a toda la historia humana y responde de ese modo a los desafíos de la misión.

El mismo Espíritu que dijo «separadme a Bernabé y a Pablo para la misión que les voy a confiar» es aquel que separa a personas y grupos para misiones especiales, cómplices de su gran misión trascendente.

Surge de aquí una conclusión teológica importantísima: es la misión del Espíritu la que «hace» a la Iglesia y no la misión la que «hace» a la Iglesia con la asistencia del Espíritu Santo. Lo mismo hay que decir de la vida consagrada: no es la vida consagrada la que hace la misión, sino que es la misión del Espíritu la que hace, configura, conforma la vida consagrada.

Parte III:
EL ESPÍRITU EN LA VIDA CONSAGRADA
Fundadores, seguidores, el carisma

El panorama estructural y carismático que la Iglesia nos ofrece hoy es auténticamente espectacular. Basta asomarse al *Anuario Pontificio* para descubrir el número de institutos religiosos o de vida consagrada de derecho pontificio, existentes y esparcidos como una gran red por gran parte de nuestro planeta.

Según las últimas estadísticas del *Anuario Pontificio* estos eran los datos de los años 2019 y 2020: *Institutos de hermanos profesos*: en el año 2019 los religiosos profesos, no-sacerdotes o laicos en el mundo eran 50.295 y en el año siguiente 2020 eran 50.569 con un aumento en África (+1,1%), Asia (+2,8%) y Europa (+4%) y con un descenso en América (-4%) y Oceanía (-6%). *Institutos de hermanas profesas*: en el año 2019 las religiosas profesas eran 630.099, un año después 2020 descendieron a 619.546, lo que supone un descenso del -1,7%.

Aumentó el número de religiosas profesas en los continentes más dinámicos: África (+3,2%) y Asia (+0,2%); sin embargo, la disminución fue en Europa (-4,1%), en América (-2,8%) y en Oceanía (-5,7%). *Sacerdotes diocesanos y religiosos*: A finales de 2020, había 410.219 sacerdotes, tanto diocesanos como religiosos, en todas las circunscripciones eclesiásticas del mundo católico, lo que supone un descenso de 4.117 respecto al año anterior. Sin embargo, se confirma que la presencia más numerosa se da en Europa y América (donde viven el 40 y el 29,3% de los sacerdotes del planeta en 2020, respectivamente), seguidos a gran distancia por Asia (17,3%), África (12,3%) y Oceanía (1,1%).

Detrás de los números hay personas, comunidades, las más variadas diaconías o ministerios carismáticos, estilos de vida diferentes. Y todo ello bajo la denominación jurídica y genérica de «vida consagrada».

Tras los datos descubrimos la impresionante fecundidad del Espíritu que actuó y actúa a través de personas escogidas y agraciadas con el don del liderazgo espiritual y fundacional. A estas personas se les reconoce, desde una perspectiva antropológica —filosófica, psicológica, sociológica— el don del liderazgo sobre sus seguidores; desde una perspectiva espiritual se les reconoce el carisma peculiar y el don de la maternidad o paternidad espiritual; por su mediación el Espíritu actúa en la historia de la Iglesia y del mundo y regenera la Iglesia.

Pero las estadísticas presentadas, no tienen en cuenta el fenómeno de las «familias carismáticas». De hecho, a lo largo de la historia de la vida consagrada —pero más aún en el tiempo posconciliar— son muchos los laicos que se sienten también interpelados por los aspectos fundamentales del carisma y —también en su medida— herederos del carisma, desde su condición laical. Se descubre con el paso del tiempo que la herencia carismática de los fundadores o fundadoras no es posesión exclusiva de quienes les siguen desde la vida religiosa o consagrada —que profesa los consejos evangélicos—, sino también recae en quienes profesan otras formas de vida cristiana: laicos, casados, solteros, presbíteros diocesanos, e incluso personas que pertenecen a otras confesiones cristianas e incluso religiones.

Por tanto, hablar del fenómeno de los «fundadores y fundadoras» no es ajeno al objetivo de esta obra que es mostrar cómo el Espíritu ensancha la tienda de la vida consagrada y genera «familias carismáticas». También ellas lo reconocen como tales.

Capítulo 6:
El liderazgo carismático.
Perspectiva antropológica

La acción del Espíritu en nuestro mundo, en nuestra historia, es siempre misteriosa. El Espíritu es el Invisible por antonomasia. A Dios nadie lo ha visto jamás; el Dios Unigénito, el que está en el seno del Padre, él mismo lo dio a conocer (Jn 1,18). El Invisible actúa en lo visible, porque el Espíritu llena la faz de la tierra. El Espíritu se manifiesta en los carismas que concede a las personas, en los signos de los tiempos o las etapas carismáticas de la historia.

En este capítulo deseo mostrar cómo el Espíritu actúa en la historia a través de los líderes carismáticos. Será este el modo de acercamiento al liderazgo de los «fundadores», «fundadoras» que han hecho surgir una gran variedad de institutos religiosos, órdenes, congregaciones, sociedades de vida común, institutos seculares y también del fenómeno no solo de institutos o congregaciones, sino también de familias carismáticas —hoy efervescente— de las familias carismáticas.

El acercamiento a los líderes carismáticos no prescindirá de la filosofía, la fenomenología, la psicología y la sociología. A través de tales mediaciones el Espíritu actúa y guía a la humanidad y en especial a la Iglesia, pueblo de Dios y cuerpo de

Cristo. Será así cómo intentaremos descubrir «el valor divino de lo humano»[143].

I. El carisma del liderazgo fundacional

No hay que suponer en principio, que la fundación de un instituto religioso deba ser atribuida al Espíritu de Dios y es un fenómeno carismático. Para ello habrá que analizar por una parte las características espirituales y humanas del fundador o fundadora y del tipo de relaciones que establecen con sus seguidores y seguidoras. Para ello es necesario presentar concisamente las características de un fundador carismático en el contexto de la vida consagrada.

Fundador o fundadora en la Iglesia es, ante todo, una persona con capacidad de liderazgo espiritual, así reconocida por quienes le siguen y se unen a su proyecto y aprobada y autorizada por la comunidad eclesial.

El liderazgo es hoy estudiado y explicado desde diversas perspectivas: sociológica, antropológica y psicológica[144].

1. Perspectiva filosófico-sociológica del líder

a) El genio

El líder —según el filósofo inglés John Stuart Mill (1806-1873)— podría ser descrito como una personal genial: genio es aquella persona capaz de descubrir nuevas verdades, pero,

---

[143] Cf. Jesús Urteaga Loidi, *El valor divino de lo humano,* ed. Patmos, 1995.

[144] Todos estos aspectos se tratan en: J. C. R. García Paredes, *Teología de las formas de vida cristiana. III. Dinamismos: Vocación, Carisma, Misión,* Publicaciones Claretianas, Madrid 1999 (Sección II, cap. 4). Aquí solo presento una síntesis aplicada a los fundadores de la vida religiosa.

sobre todo, capaz de iniciar nuevas prácticas que dan sentido, sabor y luz a la vida. Dentro de la gran variedad de fundadores, hay que decir que, en no pocos de ellos se detectan características geniales[145].

El filósofo francés Ernest Renan estudió la figura de Jesús desde esta perspectiva: como «genio» y «héroe»[146].

b) La autoridad carismática

Para el sociólogo Max Weber, líder es aquella persona dotada de autoridad carismática, en contraposición a la autoridad legal —recibida por la legislación— o burocrática —recibida por elección—.

El carisma es «una fuerza negadora, emocionalmente intensa y arrolladora que se opone a todas las rutinas institucionales, las de la tradición y las que están sujetas a una gestión racional»[147].

El carisma es revolucionario y creativo; surge en días de caos y de crisis y allana el camino hacia un nuevo futuro. El carisma hace referencia a una cualidad extraordinaria de una persona, independientemente de que esta cualidad sea real, atribuida o supuesta. La «autoridad carismática», pues, hace referencia a un cierto dominio sobre las personas, interno o externo, al que se someten los gobernados, «dada su absoluta confianza en las cualidades excepcionales de esa persona concreta»[148].

---

[145] Cf. J. Stuart Mill, *On Liberty*, Norton, Nueva York, 1975, p. 63.

[146] Cf. Renan, *Vie de Jésus, Histoire des origines du christianisme,* liv. 1, Paris 1883.

[147] M. Weber, *Essays in Sociology,* Oxford University Press, New York 1946, p. 52.

[148] Cf. M. Weber, *o. c.*, p. 295.

El líder carismático tiene tal autoridad, que se impone irracionalmente en el corazón de sus seguidores. Los seguidores le profesan «una devoción nacida de la angustia y el entusiasmo»[149]. Atrae y seduce a los seguidores; ejerce un fuerte magnetismo en ellos. El líder carismático es considerado «sagrado y divino por sus extraordinarias aptitudes psíquicas y el valor intrínseco de los estados que condicionan para el devoto el valor sagrado»[150].

La autoridad *carismática* tiene como bases la devoción que inspira la santidad de un personaje excepcional, el heroísmo o la ejemplaridad de un individuo, así como de los modelos normativos que le han sido revelados o que él ha establecido. El fundamento de tal poder no está en la tradición ni en la herencia dinástica, ni tampoco en la elección popular. Este poder se basa en el sentimiento y la emoción que inducen a los súbditos a entregarse totalmente a la fuerte personalidad del líder carismático, del que esperan el cumplimiento de una misión gloriosa.

c) La rutinización carismática

El carisma puro tiende a deteriorarse. En su forma pura, la autoridad carismática puede decirse que solo se da en los orígenes de los procesos políticos, en los momentos de nacimiento[151]. Con el tiempo, esta autoridad se racionaliza o se vuelve excesivamente tradicional, o una mezcla de ambas; y, por las siguientes razones:

- por intereses ideológicos o materiales de los seguidores;

---

[149] M. WEBER, *o. c.*, p. 249.
[150] M. WEBER, *o. c.*, p. 278.
[151] Cf. M. WEBER, *o. c.*, p. 364.

- por estabilización y continuidad del cuerpo dirigente o de los discípulos.

El proceso de rutinización no se limita solo al problema de la sucesión; no se detiene ni siquiera cuando se resuelve este problema; el problema más fundamental es la transición de un grupo dirigente carismático, con su modo de gestión, a otro que tiene que liderar desde el modo ordinario.

Ante este proceso de rutinización habría varias reacciones posibles:

- buscar un nuevo líder carismático según criterios acordes con su posición en el ámbito de la competencia y la autoridad;
- acoger a un nuevo líder, revelado a través de oráculos;
- acoger al sucesor designado por el líder;
- acoger al designado por el grupo carismático inicial y reconocido por parte de la comunidad;
- o asumir que el carisma es hereditario;
- o la transmisión del carisma por medios rituales. La rutinización del carisma puede ser tradicional o legal.

2. El líder que encarna y personifica al grupo (Emile Durkheim)

El sociólogo Emile Durkheim estaba de acuerdo con Weber en que no hay liderazgo sin seguidores, ni seguidores sin liderazgo; sin embargo, defendió que el líder es únicamente «el grupo encarnado y personificado»[152]. El carisma está más en el grupo que en el líder. El grupo es una realidad sagrada que existe por encima y más allá de quienes lo constituyen.

---

[152] E. DURKHEIM, *The elementary forms of the religious life*, Free Press, New York 1965, p. 241.

117

Hay que decir que Durkheim ni siquiera utilizó el término «carisma» y que no dio importancia a las las formas de liderazgo y de vinculación personal. Lo realmente importante para él era el grupo en comunión ritual. Los ritos crean comunidades: cuando alguien establece un grupo ritual, todos se integran en la unidad y las personalidades individuales desaparecen; la densidad comunitaria es sagrada, impregna el ambiente y el grupo se vuelve creativo. Cuando las personas se congregan de este modo:

- prevalece en ellas un sentimiento común en lugar de soledad;
- similitud en lugar de diferencia,
- cooperación en lugar de la competitividad[153].

En este contexto surgen los líderes. No son innovadores, ni revolucionarios. Solo prevalecen en la medida en que dan forma a lo que el grupo más profundamente desea:

«Si la sociedad se enamora de un hombre y cree encontrar en él las principales aspiraciones que la impulsan, así como un medio para satisfacerlas, ese hombre será elevado sobre los demás y, por así decirlo, divinizado»[154].

El líder carismático actúa como foco y como lente que focaliza y amplía el poder emocional del grupo. Es más luna que sol. Él no tiene su luz; recibe toda su energía de la sociedad, aunque ésta, muchas veces, no percibe que este líder es el resultado del brillo de la sociedad y lo venera como si fuera realmente la fuente de luz.

Sea desde la perspectiva de Stuart Mill, sea desde la de Max Weber, sea desde la de Emil Durkheim, podemos hablar

---

[153] Id., *o. c.*, p. 241.
[154] Id.

de muchos fundadores o fundadoras como genios o personas carismáticas, o espejos que reflejan los sentimientos más profundos de los grupos en trance ritual.

Estas categorías sociológicas nos sirven perfectamente para explicar el origen de los grupos carismáticos en la Iglesia.

3. El líder que seduce y enamora (perspectiva psicológica)

El líder ha sido considerado —desde la perspectiva psicológico-política— como una *personalidad magnética*. Según Le Bon[155], De Tarde[156], los seguidores se sienten seducidos por el magnetismo y fuerza terapéutica y liberadora de sus líderes carismáticos; sus discípulos descubren en ellos o ellas una energía invisible que los envuelve y vivifica. Este magnetismo se revela en la intensidad y vivacidad de una persona, en su mirada electrizante, en su forma de aparecer y vestir, o en la atmósfera que puede crear. Así funciona la llamada «psicología de las masas y la psicología individual».

Los líderes carismáticos hipnotizan a las masas, ejercen un poder irresistible sobre quienes tienen una naturaleza débil. Y esto explica que las masas no se entreguen a «amos benévolos, sino a tiranos y opresores»[157], porque en ellos encuentran la dirección que les falta[158]. El líder surge como hijo de la multitud y, al mismo tiempo como creador de la multitud: le da existencia y forma. La fuente de esta energía creadora sigue

---

[155] Periodista liberal y escritor racial autor de *The Crowd: A Study of the Popular Mind,* Ernest Benn, Londres 1952, fue el autor que inspiró en gran medida la mayor parte de la psicología social moderna.

[156] Fue uno de los primeros promotores de las encuestas de opinión en la investigación sociológica, cf. G. TARDE, *The Laws of Imitation,* Henry Holt & Co., Nueva York 1903.

[157] G. LE BON, *The crowd. A Study of the Popular Mind,* p. 54.

[158] Cf. G. TARDE, *o. c.*, p.198.

siendo un misterio, encerrado en el carácter magnético del líder, cuyas fantasías entusiastas tienen el poder de modelar e inspirar a los seguidores.

Solo al final de su vida, Sigmund Freud desarrolló su teoría sobre la psicología del grupo y el liderazgo carismático. La relación entre paciente y analista o psicoterapeuta le sirvió de modelo. Freud descubrió que sus pacientes femeninas, bajo la influencia del trance hipnótico, se enamoraban de él y le hacían proposiciones sexuales. Lo explicaba diciendo que la paciente lo tomaba como la representación simbólica de un amor temprano rechazado o perdido. El caso le parecía análogo al de las adoraciones de un líder por parte de sus seguidores; con la diferencia de que el líder favorece esa relación, mientras que el terapeuta se mantiene a distancia.

El líder es para quienes se adhieren a él como una especie de «super-yo externo», al que se entregan sin preocuparse de su «super-yo» interno: el «super-yo» es una estructura psíquica construida en nosotros tras el conflicto de Edipo; es la estructura personal debido a la cual nos reprimimos y autocastigamos. Quienes se adhieren al líder, le ceden su libertad y lo idolatran; descubren en él al «temido padre primario»[159], porque lo ven estallar de energía sexual y dotado de un poder absoluto.

De la misma manera que en el enamoramiento se busca la fusión del yo con el tú, así también, en la relación del líder carismático y los seguidores, se da un tipo de amor, que en

---

[159] Cf. S. FREUD, *Psicología de grupo y análisis del yo*, Norton, Nueva York 1959, 59.

realidad es degradante, a diferencia del amor romántico, pero es equivalente[160].

Cuando la relación líder-seguidor es una relación de amor, de implicación e inspiración mutuas, ambos se funden en el grupo, realizando cada uno de ellos la fantasía del otro. Por esta razón, muchos psicólogos afirman que las personas mentalmente desequilibradas están predispuestas a unirse a grupos carismáticos.

4. El liderazgo patológico (Erik Erikson)

Erik Erikson sostenía que la persona carismática es neurótica[161]. El hombre carismático suele tener padres distantes y autoritarios y una relación muy estrecha con la madre; por eso, subraya demasiado y de forma irreal la imagen paterna y desea suplantarla[162] para así captar el amor de la madre. El hijo traslada entonces su lucha contra el padre a la esfera política. En la suplantación del padre participan los seguidores que ven reflejado en el líder su propio complejo de Edipo[163].

En la relación con sus seguidores el líder necesita que le confirmen la realidad de su mundo imaginario. El líder carismático debe buscar espectadores para combatir su vacío interior. Es una figura narcisista que vive su entorno social como parte de sí mismo. Intuye lo que les ocurre a los demás; es ca-

---

[160] Cf. S. Freud, *Psicología de grupo y análisis del yo*, Norton, Nueva York 1959, 47.

[161] Cf. E. H. Erikson, «En busca de Gandhi», en Id., *Historia personal y circunstancia histórica,* Alianza, Madrid 1978, 146-148; 166; Id., en «Libertad y no violencia», en *Historia personal,* 218.

[162] Cf. E. H. Erikson, «En busca de Gandhi», 194; cf. 193-199.

[163] Cf. B. Mazlich, «Leader and Led, Individual and Group», *Psy* 9 (1981) 214-237.

paz de detectar el deseo narcisista de los otros; esta capacidad le confiere mucho más poder.

II. El carisma como «estilo»: personal y colectivo

El líder y los seguidores crean un estilo en su relación mutua. El carisma, cada carisma, tiene su estilo, genera un estilo de vida y de acción.

1. El «estilo»

La palabra «estilo», en su etimología, hace referencia a la pluma, a la forma de escribir. Un estilo es una determinada forma de expresión, tanto escrita como oral. Significa también una forma determinada de comportamiento o conducta, es decir, una manera peculiar de vivir. Significa también una manera o una técnica particular a través de la cual se hace, se crea o se representa algo. Arthur Schopenhauer definió el estilo como «la apariencia de la mente», la marca de nuestra personalidad.

El estilo artístico nace espontánea y libremente del artista. El verdadero artista es libre en la elección de la forma. Es en la libertad donde aparecen los estilos, la huella de la originalidad, de la persona única. Las formas expresivas de la belleza, en el arte, responden a las leyes del poder humano libre y creador. Estas leyes son «estilos listos» o estilos que se van creando en el proceso artístico[164].

El estilo es siempre frágil y vulnerable. Se forja a lo largo de mucho tiempo y con poco esfuerzo. La formación es el tiempo invertido en la creación de un estilo. Pero un estilo

---

[164] Cf. H. U. von Balthasar, *Gloria. Una estética teológica. 2. Estilos Eclesiásticos,* Ediciones Encuentro, Madrid 1986, 13-29.

puede adquirirse falsamente, por imitación externa de los rasgos característicos. Un artista es, ante todo, un inventor de estilo. Los estilos espirituales también necesitan del arte para desarrollarse plenamente: tienen que ser cantados, pintados, narrados, etc. Ante el estilo, la gente toma partido: se acepta o se rechaza. La falta de estilo ni atrae ni rechaza.

En el desarrollo de un estilo, la existencia de modelos reales tiene mucha importancia. Los modelos son tan importantes como el artista. Solo cuando la vocación es con toda verdad transfiguración de la identidad, un nuevo nombre, solo entonces puede nacer un estilo.

La categoría estética del estilo podría aplicarse a la misma vida humana y a la forma de ser de cada persona o de cada grupo. En el ámbito de la conducta, se denomina estilo a un determinado rasgo del carácter. El conde de Buffon en su discurso sobre el estilo (1753) hizo famosa la siguiente afirmación:

«Le style est l'homme même»[165].

2. Estilos personales

Los estilos, cuando se encarnan o expresan en una persona, se convierten en carismas, o en una especie de «forma» interior (Gestalt) que la belleza adquiere en el ser humano. La vocación personal, todo tipo de vocación personal, tiene un estilo único e inconfundible en sentido personal, común y

---

[165] El conde Georges Louis Leclerc de Buffon (1707-1888) fue uno de los más grandes científicos franceses del siglo XVIII. Escribió una Historia Natural en 24 volúmenes que es una auténtica Enciclopedia; cf. M. SCHAPIRO, *Estilo, Artista y Sociedad. Teoría y Filosofía del Arte,* Tecnos, Madrid 1999.

asociado a otro. En el que se destaca el aspecto estético de esa vocación y a través del cual Dios actúa en su mundo.

El estilo personal lleva la marca de la riqueza interior, del misterio más íntimo de cada uno, de la libertad inclasificable. Cuando hay «estilo», cuerpo y espíritu aparecen armonizados y equilibrados. Existe tal complicidad entre el espíritu y el cuerpo que hace a la persona muy interesante. El estilo es una forma de mostrar armonía y una cierta armonía determinada, no programada sino realizada en la vida cotidiana. La espiritualidad integrada es el estilo. El estilo no se puede definir. Es una mezcla de gracia recibida, de naturalidad adquirida y de elegancia no fingida.

Cada persona adquiere su estilo con el tiempo. Si la persona es creativa, integrando todo su mundo de relaciones y adquisiciones, muy pronto dejará atrás rasgos y signos de su personalidad. El estilo tiene que ver con el tiempo y con el ejercicio. Cuando el artista olvida las normas y el canon, porque ya lo practica desde hace mucho tiempo, entonces, surge el estilo. Todo ser humano se educa y se somete a las normas al principio; se inicia en la vida. Solo más tarde, cuando empieza a ser él mismo con cierta autonomía, surge el estilo. El estilo es la gloria o la manifestación estética de la identidad recibida y agraciada, solicitada y por la que se ha luchado, disfrutado y sufrido durante mucho tiempo.

3. Estilos comunes o grupales

También hay estilos comunes. Es el estilo de cada matrimonio, de cada grupo familiar, de cada agrupación humana o nación. En todos estos círculos es perfectamente aplicable lo que acabo de decir sobre el estilo personal. Pero lo que también hace verdaderamente interesantes y atractivos a los grupos y, como es obvio, también a las personas, son los estilos consolidados, definidos, densos, creativos, los estilos auténticamente característicos. Cada estilo auténtico es un acontecimiento de belleza, que seduce, aglutina, inspira y reúne. Cada vocación está llamada a desplegarse en un estilo peculiarmente personal y colectivo.

III. Reflexión conclusiva

El espíritu humano es misterioso. Dispone de registros sorprendentes que reconfiguran constantemente el mapa de la humanidad, de las sociedades, de las religiones, de la Iglesia. Entre tales registros tienen una especial importancia los personajes carismáticos que emergen dentro de los pueblos y que ejercen un poder de seducción tal que todo lo trastocan y reorganizan.

Nos hemos acercado en este capítulo a ese fenómeno, interpretado desde diversas perspectivas. Todas ellas nos interesan para descubrir la razón de ser de aquello que ha venido sucediendo a lo largo de la historia de la Iglesia: personajes carismáticos que han transmitido una herencia también carismática y diversificadoras en grupos o comunidades humanas.

Todo esto no acontece al margen del Espíritu o del mundo espiritual —la invisibilidad maléfica, que no somos capaces de explicar—.

Capítulo 7:
Fundadores y seguidores.
Perspectiva pneumatológica

Se dice que el «carisma de fundador» es más frecuente de lo que parece. Muchísimas personas lo han intentado, pero no lo han conseguido. A lo largo de la historia ha habido muchas iniciativas frustradas. La Iglesia, con su sabiduría de siglos, sabe que se hace necesario un serio discernimiento cuando hay que aprobar una nueva fundación dentro de ella. En su oración y reflexión la Iglesia ha ido estableciendo criterios que le permitan vislumbrar en qué medida el Espíritu actúa o no.

La larga experiencia eclesial muestra que hay formas e institutos de vida consagrada que nacen y mueren; que solo a la Iglesia en cuanto tal le ha sido prometida la perennidad. Así se lo dijo Jesús a Pedro:

«Bienaventurado eres, Simón, hijo de Juan, porque no te ha revelado eso ni la carne ni la sangre, sino mi Padre que está en los cielos. Y, yo te digo que tú eres Pedro, y sobre esta piedra edificaré mi Iglesia, y las puertas del infierno no prevalecerán contra ella» (Mt 16,17-18).

I. El primado del Espíritu Santo

1. El derramamiento imprevisible del Espíritu

Cuando el Espíritu Santo es enviado, viene como una tempestad; se derrama sobre todos los seres vivos, como las aguas de una tromba, invadiéndolo todo. Si el Espíritu es realmente el Espíritu de Dios, toda la realidad invadida por Él queda de alguna manera deificada, divinizada. El Espíritu configura a las personas, da forma y estilo a las comunidades. Es como el agua que primero es fuente, luego río y finalmente lago. El agua es siempre la misma. Sus formas y cauces pueden ser muy distintos. El Espíritu se expresa en la Gracia; y la Gracia asume la forma de los Carismas o energías del Espíritu. Los Carismas personales o comunitarios o grupales, son como flujos o emanaciones del Espíritu. Hoy el Espíritu de Dios Padre creador y de Jesús nuestro Señor Resucitado, sigue siendo enviado. Su misión es omniabarcante. Su intencionalidad misteriosa consiste en hacer cada vez más presente el Reinado de Dios.

El Espíritu Santo se hace especialmente presente en el origen misterioso de esas formas de vida cristiana —antiguas y nuevas— que el *Código de Derecho Canónico* denomina «vida consagrada»[166].

2. Liderazgo en el Espíritu

El fenómeno de los fundadores en la vida religiosa se puede contemplar perfectamente a la luz de todo lo que hemos expuesto. Nadie puede dudar de que Mary Ward, María Ra-

---

[166] Cf. *Código de Derecho Canónico*, Libro II: Del pueblo de Dios (cc. 204-746), Parte III: De los institutos de vida consagrada y de las sociedades de vida apostólica (cc. 573-746).

fols, Ignacio de Loyola, Francisco de Asís, Juan Bosco, Antonio María Claret y tantos otros, fueron auténticos líderes carismáticos, tenían autoridad carismática y estaban dotados de cierta genialidad. Eran capaces de convocar a las personas, que participaban de sus mismos sueños y estaban incondicionalmente dispuestas a colaborar en su realización.

Entre los fundadores y quienes los han seguido se ha ido creando una misteriosa corriente de afecto, amor y devoción. El fuego carismático de los orígenes tenía la fuerza humilde e invencible de la semilla. En ella se condensaban los posibles sueños de escenarios inimaginables.

Los vínculos psicológicos y espirituales que se establecían entre líderes carismáticos y seguidores hicieron posible el crecimiento de la semilla y el gozo de las primeras cosechas. Todo se encontraba bajo el signo del «estado naciente», del amor primero. Así surgía la novedad en la vida de la Iglesia y de la sociedad.

El fuego de los orígenes se enciende y multiplica a través de una misteriosa seducción. La donación mutua de líderes y seguidores crea un estilo común, una forma de parecer, de actuar, de vivir. El carisma se expresa en un peculiar «estilo».

El fenómeno no solo acontece dentro de los márgenes que hemos denominado vida consagrada. Hoy vemos que el liderazgo carismático también se ensancha y llega e invade hasta el laicado. El carisma rebosa más allá de la vida estrictamente religiosa para dar lugar al fenómeno —hoy creciente— de las «familias carismáticas».

¿Quiénes son los reconocidos por la Iglesia como fundadores? ¿Cuáles son los requisitos necesarios para ser considerado fundador? ¿Hasta dónde llega o puede llegar la energía fundante?

Hubo personas en el monacato antiguo, a las que se les reconoció una auténtica paternidad o maternidad espiritual sobre las personas y comunidades que se adhirieron a su proyecto. Ese fue el caso de san Antonio abad, padre de los eremitas, o Pacomio, padre de los cenobitas, o Macrina, también reconocida como madre espiritual. A partir del siglo XIII, época de san Francisco y santo Domingo, se utilizó el concepto de fundador con rasgos bien característicos y definidos: se reconocía en ellos el don de iniciadores de formas de vida cristiana, o vida apostólica, auténticamente nuevas, gracias a la inspiración del Espíritu Santo.

En sus estudios sobre los carismas Gotthold Hasenhüttle reconoció que a través de ellos se ha ido estructurando la Iglesia; y, en consecuencia, reconoce que los carismas son el principio estructural (*Ordnungsprinzip*) en la Iglesia[167]. El Espíritu de la diversidad carismática es, al mismo tiempo, el Espíritu de la comunión eclesial: la «koinonía del Espíritu Santo» (2Co 13,13). El Espíritu es el principio de la santidad, de la catolicidad, de la apostolicidad y de la misión escatológica de la Iglesia.

II. Características para el reconocimiento eclesial

El carisma no se impone por sí mismo. Dentro de la Iglesia-Comunión ha de ser discernido para ser después reconocido y autorizado. Por eso, ha de ser evaluado desde la perspectiva jurídica o canónica y teológica o espiritual.

---

[167] Gotthold Hasenhüttle, *Charisma Ordnungsprinzip der Kirche,* Ökumenische Forschungen, 1969,

1. Perspectiva jurídica

Con motivo de los Hermanos de San Gabriel, que se preguntaban si san Luis María Grignion de Monfort era su fundador o padre[168], la sede apostólica estudió el tema. En la respuesta[169] se distingue entre fundador y padre o patriarca. El fundador es quien ha concebido la idea del instituto y sus objetivos; quien ha dado al grupo las reglas de vida y de gobierno: esta segunda característica no supone, sin embargo, que el fundador haya tenido que redactar las Reglas y Constituciones del instituto; de hecho, el mismo fundador ha solicitado, con frecuencia, la colaboración de algunos de sus hijos[170]. Cuando no se dan tales características, podemos hablar de fundador, pero en sentido amplio. Es el caso de todos aquellos que se guían por las Reglas o Constituciones de un instituto más antiguo.

En relación con esto hay que distinguir tres casos:

1) Algunos institutos asumen después de varios siglos, como regla fundamental, la de antiguos fundadores. Se atienen a ella en una nueva época. Es el caso, por ejemplo, de los Agustinos, que tienen a Agustín como padre, fundador y maestro.

2) Otros institutos se dejan inspirar por alguna regla antigua para así redactar las propias *Constituciones*, que van progresivamente renovando según el tiempo y la evolución de la familia religiosa. En este caso, el fundador o la fundadora se inspiran en la regla de un antiguo fundador, al que consideran patriarca; pero también redac-

---

[168] Durante los años 1910 a 1916, la Congregación de Religiosos estudió el origen histórico de la Congregación de los Hermanos de San Gabriel.
[169] SCR. SH. 66, *Nova Inquisitio*, XVII.
[170] Cf. SCR. SH. 66, *Nova Inquisitio,* XVII.

tan sus propias constituciones adaptadas a la situación del nuevo instituto.

3) Las *Constituciones* han sido redactadas por el propio fundador o fundadora: y en el caso de que hayan sido redactadas por otra persona, ellos las avalan como propias[171].

Como acabamos de ver, los requisitos necesarios para reconocer a una persona como fundador o fundadora de un instituto son, ante todo, de naturaleza jurídica e institucional: quien convoca y reúne al grupo inicial, le ofrece un objetivo carismático basado en el evangelio y plasmado en un texto constitucional, es autorizado para hacer la profesión de los consejos evangélicos y así es reconocido por la autoridad eclesial.

2. Perspectiva teológica

El término «fundador» comenzó a ser plenamente aceptado en el campo de la teología de la vida religiosa a partir del concilio Vaticano II. A partir de ahí, se ha ido estudiando la personalidad del fundador y la relación entre fundador y fundación desde diversas perspectivas: sociológica, psicológica y teológica[172]. Según tales estudios para que una persona sea reconocida teológicamente como fundador o fundadora además de cualidades humanas necesarias, se requiere una peculiar llamada de Dios e inspiración del Espíritu para hacer

---

[171] Cf. J. M. LOZANO, *El fundador y su familia religiosa,* Publicaciones Claretianas, Madrid, 1978, pp. 16-17.

[172] CF. E. GAMBARI, I. LOZANO, G. ROCCA, «Fondatore, I. Personalità», en *Dizionario degli Istituti di Perfezione* (=DIP). IV, Roma 1977) 96-101; S. BURGALASI, «Fondatore, "Il aspetto sociologico"», en DIP IV, 102-108. Cf. P. TUFARI, «Fondatore-fondazione», en DIP, IV, 108-113.

surgir una nueva forma de vida evangélica o para dar vida a una nueva familia religiosa[173]:

> «El fundador debe saber que él, y no otro, según la voluntad de Dios, es el llamado a fundar la nueva congregación. Las modalidades de que dispone el fundador para delinear los objetivos y las formas específicas son muy diversas, lo que debe entenderse en un sentido bastante amplio. No es necesario, por ejemplo, que defina las *Reglas* o las *Constituciones*. Basta con que indique, incluso con su propio testimonio y palabras, las líneas germinales esenciales; el resto pueden hacerlo los colaboradores u otras personas, como ha sucedido en el caso de no pocos fundadores y fundadoras»[174].

El fundador debe ser quien determine la finalidad y los objetivos del nuevo instituto y quien esboce —aunque sea de forma general— un programa de vida espiritual y la inspiración fundamental, aunque solo sea verbal, de las *Reglas*, las *Constituciones* de la primera comunidad[175].

El fundador o la fundadora es aquella persona que elabora un proyecto sobre el seguimiento de Jesús, que emana de su experiencia particular del misterio de Dios en su propio tiempo[176].

---

[173] Cf. J.M. LOZANO, «El fundador», a. c. 15; M. MIDALI, «La dimensione carismatica della vita religiosa. Alcuni relevanti punti», en AA. VV., *Il carisma della Vita Religiosa dono dello Spirito alla Chiesa e per il mondo*, Quaderni di Vita Consacrata, 4, editrice Àncora, Milano 1981, p. 11.

[174] F. CIARDI, *I fondatori, Uomini dello Spirito. Per una teologia del carisma dei fondatori*, Roma 1982, 49-50; 63-64. M. MIDALI, *Madre Mazarello. Il significato del titolo di Confondatrice*, Quaderni di Salesianum, 1982, ·p. 10.

[175] Cf. E. GAMBARI-I. LOZANO-G. ROCCA, *o. c.*, 97.

[176] Cf. M. MIDALI, *La dimensione carismatica, a. c.*, p. 11.

III. El carisma del fundador y su transmisión

1. El carisma del fundador

¿La relación entre fundadores y vida religiosa o vida consagrada es tal que podríamos afirmar que todos los fundadores y fundadoras son verdaderamente fundadores de vida religiosa? Lo que aportaron a la Iglesia, ¿fue una nueva forma de vida religiosa? ¿Todos ellos tuvieron, en este sentido, el carisma del fundador?[177].

a) Fundadores mayores y menores

Cuando J. M. R. Tillard distinguió entre grandes fundadores y pequeños fundadores, se suscitó una importante polémica[178]. Los *grandes fundadores* son aquellos que —además de dar origen a un grupo carismático en la Iglesia— lo configuran con una visión específica y nueva de espiritualidad y de misión: ellos o ellas fueron auténticos fundadores de vida religiosa. Otros fundadores o fundadoras intentaron únicamente dar respuesta evangélica a necesidades humanas o religiosas que detectaban en la sociedad o en la Iglesia, sin que ello supusiera la creación de una nueva forma de vida religiosa: su carisma no sería de «fundador», sino de «fundación». Teresa Ledóchowska propuso distinguir entre *carisma de fundador* —que es propio del iniciador— y el carisma de

---

[177] Para esta cuestión cf: J. M. R. Tillard, «Le dynamisme des foundations», *Vocation* 295 (1981) 18-33; G. Rocca, «Il charisma di Fondatore», *Claretianum* 34 (1995) 31-106.
[178] J. M. R. Tillard, «El dinamismo de las fundaciones», *Vida Religiosa* 52 (1982) 165-177.

instituto —que es la continuación y extensión en personas y comunidades—[179].

La Iglesia y su autoridad es la que reconoce y determina quién es un auténtico formador y la que aprueba el instituto, que de él o ella procede: lo hará a nivel diocesano o a nivel pontificio, cuando se cumplen una serie de requisitos previos.

Una excelente descripción de la figura del fundador nos es ofrecida por el documento *Mutuae relationes*, n. 11b. En él se afirma que el carisma de los fundadores se caracteriza por los siguientes elementos

1) es una experiencia del Espíritu;
2) transmitida a sus discípulos;
3) para ser vivida, custodiada, profundizada y desarrollada constantemente por ellos;
4) la naturaleza propia de cada instituto implica un estilo particular de santificación y apostolado;
5) este estilo particular va creando una tradición típica, cuyos elementos objetivos son fácilmente individualizables.

Otra cuestión es determinar el peso específico que tiene un determinado fundador o fundadora, en relación con lo que llamamos vida religiosa o consagrada. No todos los llamados «fundadores» son equiparables. Hay momentos históricos en los cuales la vida religiosa se expresa en formas originales: el monacato, la vida conventual, los institutos apostólicos; los institutos de hermanas, de hermanos, los institutos clericales.

Según el influjo que han tenido en la vida e historia de la Iglesia podemos distinguir entre fundadores mayores y meno-

---

[179] T. LEDÓCHOWSKA, «A la recherche du charisma d'un Institut religieux», *Vie Consacrée* 49 (1977)7-23.

res, como lo hacemos también con los profetas. Con todo, lo más importante no son los institutos en su singularidad, sino el fenómeno carismático de la vida consagrada en todas sus formas y globalidad.

b) Las llamadas de Dios y del mundo necesitado

Cuando un fundador o fundadora se plantea la creación de un instituto religioso, no solo trata de dar solución a un problema o necesidad histórica (esta sería una lectura puramente sociológica de una fundación). El fundador o la fundadora ha discernido, a través de ciertas circunstancias, algo mucho más radical: el proyecto de Dios sobre la historia, sobre el mundo. Se sienten interpelados por una llamada doble pero convergente: la llamada de Dios y la llamada del ser humano. La unidad de vocación implica la unidad de respuesta: Servicio a Dios y servicio a los seres humanos. Por eso, la intuición carismática de los fundadores tiene una doble dimensión: la teológica y la antropológica: los fundadores son el resultado de una doble contemplación; son hombres y mujeres de Dios y Dios les motiva a cuidar de sus hermanos; o, de otro modo, son personas muy sensibles a las necesidades humanas y esta sensibilidad los lleva a Dios.

Los fundadores descubrieron el único Evangelio desde una peculiar sensibilidad o perspectiva carismática, concedida por el Espíritu. Desde ahí, pudieron contemplar el misterio de Dios en Jesús. Esa experiencia del misterio de Dios fue para ellos germen de singularidad.

La llamada de Dios a nuestros fundadores se ha ido encarnando en diversos estilos de espiritualidad y de misión. Las sensibilidades carismáticas son diferentes. Los fundadores o fundadoras han ido respondiendo a las necesidades que detectan entre los seres humanos, unos responden a las necesi-

dades biológicas o sociales, otros a las necesidades primarias...
Podría decirse que no ha habido necesidad humana que haya
pasado desapercibida o desatendida por una u otra forma de
vida consagrada.

Los siglos XVIII al XX fueron testigos de un extraordinario
florecimiento de congregaciones femeninas, dedicadas principalmente a cuidar y honrar la vida humana en sus diferentes
aspectos. Incluso las antiguas órdenes han ido actualizando su
dimensión humanista.

2. El carisma transmitido y compartido

Todo carisma específico de vida consagrada genera —a partir del fundador o fundadora— un dinamismo comunitario
de vida y misión. El Espíritu es el gran protagonista. La Iglesia es el contexto materno en el cual se despliega. El Espíritu
Santo hace que el carisma se transmita y reproduzca, generan-
do así una admirable tradición espiritual.

Siempre han existido personas —no pertenecientes a la
vida consagrada— que han sentido afinidad con los estilos carismáticos religiosos. Y esa afinidad ha ido siendo reconocida
de formas diversas a lo largo de la historia. En este tiempo
—posterior al concilio Vaticano II— se habla ya de «familias
carismáticas» o de las extensiones seculares de los carismas.

A través de los diversos institutos religiosos, la Iglesia
muestra al mundo, cada día de mejor manera, a Cristo «entregado a la contemplación en la montaña, o anunciando el
reino de Dios a las multitudes, o curando a los enfermos y
heridos, llamando al pecador al recto camino, bendiciendo
a los niños, haciendo el bien a todos, y siempre obediente a
la voluntad del Padre que lo envió» (LG, 46). Los institutos
más significativos de la Iglesia muestran el misterio de Dios

en Jesús, el único misterio, desde perspectivas distintas pero complementarias. Una es la perspectiva de Pablo de la Cruz, el misterio de la Pasión, otra es la de fr. Charles de Foucauld, el misterio de Jesús en Nazaret, durante su vida oculta, otra la de Antonio María Claret, el misterio de Jesús evangelizador del Reino y misionero del Padre.

Todo esto significa que un carisma no puede describirse únicamente por las actividades que se desarrollan en un determinado instituto. Hay mucho más. Es la visión teológica y la dimensión espiritual. Por eso, es necesario interrogarse sobre: ¿qué imagen de Dios Padre, de Jesús, del Espíritu, de María y de la Iglesia, anima la vida y la misión de cada instituto desde sus orígenes? ¿Y cuáles son las consecuencias o implicaciones en la vida, misión y espiritualidad de los miembros de ese instituto o congregación?

Todo carisma de vida religiosa tiene una dimensión mesiánica y salvífica; todo carisma es misionero y diaconal. Los Fundadores traducen el amor a Dios en amor a los hermanos, especialmente a los más desatendidos y pobres. ¿Cómo, de qué manera? Eso ya depende del don recibido. Por eso, el don carismático conlleva, también, una peculiar sensibilidad para todo lo humano, en cualquiera de sus distintos campos: educativo, sanitario, religioso, artístico, etc. La experiencia carismática conlleva un redescubrimiento del ser humano, hacia el que Dios está lleno de misericordia y compasión. El carisma congregacional fundacional implica también una intuición sobre el camino de la salvación del hombre y el compromiso en la vivencia espiritual de la historia de la salvación. De ese modo, el fundador cristaliza su intuición sobre Dios y el hombre en iniciativas u obras carismáticas, que son expresiones prácticas de la vocación que ha recibido. Pero las primeras iniciativas y obras no agotan todas las posibilidades implícitas en el germen inicial. Será necesario seguir buscando otras expresiones, adecuadas a los tiempos.

IV. La refundación y familias carismáticas

1. La curva vital de los colectivos carismáticos

De la misma manera que los organismos están sujetos a un proceso vital, a una curva vital ascendente y descendente, así ocurre con esos otros organismos peculiares que llamamos órdenes o congregaciones religiosas. Determinados momentos requieren enormes esfuerzos de adaptación y conexión con el entorno cultural o ambiental.

Normalmente, con el tiempo se pierde la conexión entre una determinada sociedad y las formas de vida religiosa. En esos momentos se hace necesaria la renovación, la reforma, incluso la refundación, si el Señor concede ese don extraordinario de la refundación.

En las situaciones caóticas de su pueblo, Dios se sirvió de profetas y videntes. ¿Por qué no podría actuar hoy el Señor de la misma manera? «El Señor Dios os suscitará un profeta como yo de entre el pueblo, de entre vuestros hermanos, a quien escucharéis» (Dt 18,15). Dios también puede enviar a la Iglesia y a sus familias religiosas profetas y videntes, capaces de reencontrarse con ellos.

2. ¡Fuera del caos! Vuelta a las fuentes[180]

Refundar un instituto religioso es un don extraordinario del Espíritu Santo. El Espíritu Santo podría conceder este

---

[180] Cf. Gerald Arbucle, *Out of Chaos. Refounding religious Congregations,* Paulist Press International, 1988.

don a algunas personas y ellas podrían aceptar o rechazar este don; este don de personas especiales podría ser concedido a un instituto religioso, pero el instituto podría acogerlas o rechazarlas (¡No siempre es elegido el superior provincial o general querido por el Espíritu!). ¡No siempre los capítulos generales asumen las propuestas ofrecidas por el Espíritu!

La persona con el carisma de la refundación no es un revolucionario que rechaza todo lo que viene del pasado; esta persona siente sobre sí la fuerza carismática de los orígenes, se vuelve hacia las fuentes y recupera en ellas sorprendente movilidad, flexibilidad y creatividad; esta persona se siente identificada con el mito fundacional y redescubre con nueva frescura el servicio que el instituto puede prestar al mundo en la misión de la Iglesia, descubriendo nuevos caminos y horizontes. El líder refundador podría guiar a su congregación hacia una nueva época.

Podríamos llamar refundadores a quienes tienen el don de reorientar de manera significativa a toda una congregación, o a una parte oficial de la misma congregación, por ejemplo, una provincia, hacia una nueva interpretación carismática. El padre Arrupe, anterior superior general de los jesuitas, fue una de esas personas. A este tipo de personas llamamos, junto con los fundadores, los mayores profetas de la vida consagrada.

También hay profetas menores: son los que responden a la llamada de la persona refundadora porque descubren en ella la respuesta a sus anhelos y aspiraciones más profundos. Actúan como apoyo creativo de la experiencia refundadora. No tienen, sin embargo, el carisma del refundador, sino el carisma de colaborar con el refundador.

La persona refundadora, después de un período de discernimiento y con el consentimiento de los superiores, debe tener las manos libres para invitar a quienes considere agraciados con el mismo don a realizar el proyecto del Espíritu.

La refundación de un instituto es un don que tiene que dar el Espíritu; es un don por el que tenemos que rezar, que tenemos que desear. No podemos convertirnos con nuestros recursos y esfuerzos. La refundación será siempre una experiencia de fe, de conversión, tanto en la persona llamada a iniciar la refundación como en los seguidores.

3. Refundación colaborativa y recuperación carismática

a) Cuando el Espíritu es reprimido o apagado

En un instituto, el Espíritu Santo puede ser reprimido y apagado (1Ts 5,19-22); los profetas pueden ser perseguidos, por eso Jesús reprendió a los escribas y a los fariseos (Mt 23,29-36). Solo Dios sabe cuánto potencial profético se ha desperdiciado por la marginación y el silencio forzado. Si es así, Dios pedirá cuentas a esta generación (Mt 23,6).

Por otra parte, también podríamos decir que es posible que actitudes e iniciativas que no son proféticas, por falta de un discernimiento serio, puedan ser interpretadas como proféticas. Reconocer, como el profeta Samuel, quién es el elegido por Dios para sacarnos del caos, no es tarea fácil, sobre todo si no hay discernimiento y espíritu de conversión.

b) Líderes y formadores

Es también deber de los superiores o líderes, y en su medida también de los formadores, colaborar en la refundación del instituto religioso. Deben estar dispuestos a actuar con creatividad, gobernando con visión de futuro y anticipándose, en la medida de lo posible, a los retos que vayan surgiendo. Deben estar convencidos de que quienes en última instancia llevan a cabo la refundación de un instituto no son las comisiones o los capítulos, sino las personas individuales. Deben ser coherentes en su tarea de refundación, incluso cuando la congregación rechace sus esfuerzos e intente marginarlos. Y, sobre todo, han de ser conscientes de que este proceso es una aventura de fe, que exige de ellos una permanente y profunda unión con Cristo y espíritu de abnegación.

Superiores y formadores deben poder experimentar el peso del caos y de la confusión para que anhelen la salvación que viene de Dios. El camino hacia la refundación será un camino de desprendimiento, de kénosis, de despojamiento de sí mismo y de disponibilidad total.

El superior, en su medida el formador, debe renunciar a su deseo de serlo todo. Tiene que asumir que solo es un administrador de la energía carismática del instituto, no la fuente de la energía. Tiene que saber renunciar a llevar adelante su reforma y permitir que sea la reforma del Espíritu la que reciba todo su apoyo y compromiso. Tiene que ser un hombre o una mujer sin ídolos.

c) Discernir por dónde se mueve el Espíritu

De ese modo, estarán dispuestos a encontrar las personas ofrecidas por Dios para refundar los institutos religiosos. Los superiores deben ser los principales apoyos, posibilitando las estructuras necesarias para utilizar sus dones al servicio de la Iglesia y de su congregación. Pero el superior no debe subestimar la resistencia de la congregación, dada su cultura concreta, al cambio profético. Han de reconocer que no todos han recibido el don y que este podría producir dolorosas divisiones. Esto ya ha ocurrido en otros momentos de la historia. No se puede dividir a los hermanos entre buenos y malos, o radicales y relajados. Se trata de obedecer al Espíritu que da dones diferentes, no solo a quien quiere y como quiere, sino también cuando quiere. De los que están en posesión del carisma de refundación no hay que esperar muchos detalles y soluciones. De eso se encargarán otros miembros. Los fundadores ofrecen ya un excelente servicio abriendo nuevos caminos. Otras personas se encargarán de hacer viables o transitables esos caminos.

d) El acontecer de la refundación

La refundación debe llegar lo más lejos posible y debe consolidarse a diferentes niveles. El nivel de la formación inicial debe ser privilegiado. Es ahí donde puede renacer un instituto carismático. Es en la formación inicial donde un instituto puede recuperar toda su frescura. La refundación implica también cambios a nivel institucional y estructural. Es necesario abandonar gradualmente todo lo irrelevante. Los superiores podrían favorecer con su autoridad estructuras y programas formativos en la formación inicial que favorezcan los cambios y las actitudes que exige la refundación del instituto. Los nuevos candidatos que acojamos y formemos van a ser el futuro del instituto. Si la congregación quiere ser creativa tiene que formar a los candidatos en esa misma perspectiva, no puede formarlos para la resignación, la pasividad y el miedo.

Sabiendo que las personas se comunican principalmente a través de símbolos y mitos, símbolos narrativos o historias, es necesario utilizarlos como medio de comunicación. Tom Peters afirma que «los mejores líderes, casi sin excepción y a todos los niveles, son maestros en el uso de historias y símbolos»[181].

La refundación de un instituto presupone hoy ofrecer a sus miembros un itinerario espiritual-carismático. Las propuestas de misión o de actividad apostólica no sirven para nada si no van acompañadas de una propuesta espiritual, de un itinerario espiritual carismático. La gran fuerza de los nuevos movimientos o de las nuevas comunidades no está en la propuesta apostólica que ofrecen, sino en el camino de espiritualidad, en la mística que ofrecen, y de la que parten las más variadas y audaces iniciativas apostólicas.

La refundación consiste, pues, en actualizar el núcleo de un carisma comunitario: su vida en el Espíritu, desde una peculiar dimensión cristológica y pedagogía o proceso educativo.

4. La cosmovisión que hoy interpela a la vida consagrada

¿Cómo hacer nuestra forma de vida «consagrada» congruente con nuestro tiempo? ¿Cómo reinterpretar las razones que en otros tiempos nos llevaron a describir nuestra vida como «camino de perfección»?[182].

Eran tiempo en los que prevalecía otra cosmovisión. Pero si exploramos la naciente cosmovisión de nuestro tiempo —muy unida a la concepción del Espíritu que hemos podido apreciar anteriormente— hemos de afirmar que vivimos

---

[181] T. PETERS, *Thriving on Chaos: Handbook for a Management* Revolution Alfred A. Knopf, Nueva York 1987, 418-420.

[182] Ofrezco aquí un resumen de las principales ideas expuestas magistralmente por BÁRBARA FIAND, religiosa de las Hermanas de Notre Dame de Namur, *Luchando con Dios. La vida religiosa en busca de su alma,* Publicaciones Claretianas, Madrid, 2002.

en la era de la física cuántica. Ella no ofrece la cosmovisión dualista que ha persistido, con algunas variaciones en los últimos milenios: valores y hábitos del pasado como objetividad, observación imparcial, previsibilidad, certidumbre, necesidad de permanencia, de orden, de dominación, de control, la mensurabilidad, el cálculo. Hoy comenzamos a notar la interconexión de la realidad. Hoy no se define la identidad por «exclusión» de lo otros, sino por capacidad de interconexión.

La obsesión por las estructuras jerárquicas basada en la superioridad del espíritu sobre la materia es cada vez menos satisfactoria y aparecen cada vez más obsoletas e ineficaces. Estamos en la sociedad «líquida», «no hay nada permanente excepto el cambio». La perspectiva dualista que separa el espíritu de la materia, el alma del cuerpo y a nosotros de los demás, hieren la verdad. El todo no se confunde con la suma de sus partes, como afirman los estudios de holografía; es mucho mayor que esa suma. Las definiciones claras y distintas no son tan verdaderas como creíamos: a veces la paradoja y el caos contienen la verdad. *Solo la totalidad es sagrada:* el universo es una red orgánica inseparable de interconexiones donde todo afecta y es a su vez afectado por todo lo demás. Todo —aun las partes más remotas del cosmos— está entrelazado con cada uno de nosotros y nosotros con ello. No podemos regular nuestro modo de interpretar el mundo con las opiniones expresadas por santo Tomás o san Agustín, o Isaac Newton y René Descartes, por los griegos y los pensadores del medioevo.

Cuando reflexionamos desde estos presupuestos –dependencia a través de la independencia y hacia la interdependencia– nos vemos precisado a evaluar de nuevo nuestra forma de vida. A esta luz hemos de explorar qué significan los consejos evangélicos y sus respectivos votos perpetuos y la posibilidad de compromisos temporales para una nueva «agenda evangélica».

A la luz de la holografía y los descubrimientos del «todo que está en cada una de las partes», quizás necesitaríamos explorar la interioridad de la «energía carismática»: cómo se encuentra en cada uno de nosotros, y como todos nosotros nos nutrimos de ella y a su vez la alimentamos y la hacemos crecer entre nosotros. Necesitamos explorar el significado de la alianza y lo que significa la expresión «el liderazgo está en los miembros».

A la luz de la psicología del desarrollo, podríamos preguntar: si la dependencia es, de hecho, «santa», como proclama hasta hoy el derecho canónico y recomienda para los religiosos; si los religiosos no deberíamos cultivar la interdependencia entre nosotros y qué significaría esto para nuestra interpretación del voto de pobreza. Si la pobreza debiera ser algo que imitar o algo que deberíamos tratar de eliminar. Si el afanarnos por conseguir una verdadera interdependencia afectaría nuestra ordenación económica y, en caso afirmativo, cómo. si esto es provechoso y bueno.

A la luz de una visión mucho más holística del cuerpo y de la naturaleza como un todo, podríamos reflexionar sobre cuáles son las motivaciones del celibato hoy. Es muy necesario repensar este voto en particular[183].

V. Reflexión conclusiva

La vida religiosa o consagrada es un acontecimiento vital: nace, se desarrolla y muere. Se sitúa bajo la curva vital propia

---

[183] Lo he intentado hacer en mi libro José Cristo Rey García Paredes, *El «encanto» de la vida consagrada: una Alianza y tres Consejos,* col. Emaús, ed. San Pablo, Madrid, 3ª ed., 2015, pp. 133-200.

de toda realidad humana. En este capítulo, hemos centrado nuestra atención en los orígenes de esta vida y en sus formas.

1. Cada una de las formas de vida religiosa tiene su origen en la vocación de una persona o de un grupo inicial, que se sienten llamados a iniciar algo nuevo en la vida de la Iglesia. La figura del fundador suscita no pocos interrogantes en el campo sociológico y antropológico, así como en el teológico. Desde el punto de vista antropológico, un fundador o fundadora es una persona con capacidad de liderazgo. Esta persona puede incluso tener rasgos geniales o brillantes; el fundador siempre tiene una especie de autoridad carismática sobre sus seguidores, según la interpretación de Max Weber, o representa y cataliza en sí mismo la fuerza carismática del grupo o del momento histórico, según E. Durkheim. El líder carismático ejerce un gran magnetismo sobre sus seguidores, hasta el punto de que podría tener características morbosas en algunos casos, aunque no necesariamente. El líder es amado, honrado, venerado y seguido. De ahí surge el movimiento peculiar de cada una de las formas de vida religiosa. Cada grupo carismático tiene su estilo, a través del cual muestra y traduce su originalidad. Este estilo original se va forjando poco a poco, a través del tiempo y con esfuerzo y compromiso. El modelo real del fundador y de la primera generación tiene una enorme importancia en la creación del estilo.

2. Ante el fenómeno de la creatividad fundacional, la iglesia contemporánea ha determinado los requisitos para reconocer a un auténtico fundador o fundadora: a) quien ha reunido al primer grupo de seguidores, porque se ha sentido llamado por Dios para dar vida a una forma de vida evangélica o a una nueva familia en el Espíritu; b) quien ofrece a los demás la finalidad y los objetivos del grupo: un programa de

vida espiritual, e inspira o redacta un texto constitucional o una *Regla* aprobada por la Iglesia.

3. Desde una perspectiva teológica y cristológica es necesario afirmar que el gran y único líder carismático de la Iglesia es Jesús mismo. A Él es debido el seguimiento absoluto; en el Espíritu Santo, Jesús resucitado se torna nuestro contemporáneo.

4. La rutinización carismática atenta contra los grupos, comunidades o institutos que pierden energía o se institucionalizan demasiado. Hay momentos en los cuales es necesario re-comenzar bajo el fuego carismático de los orígenes, bajo una nueva acción y moción del Espíritu. Uno es el carisma del iniciador de una forma de vida religiosa y otro es el carisma de la transmisión de ese carisma inicial. El iniciador ha sido agraciado con una particular experiencia del Espíritu que, a través de él, se desborda y se transmite a los discípulos; los discípulos viven esta experiencia, la custodian, la profundizan y la desarrollan creativamente constantemente bajo la acción del Espíritu y en comunión con el cuerpo de Jesús que es la Iglesia. El carisma transmitido comporta un estilo particular de santificación y de apostolado. Se crea, por tanto, una tradición típica en cada grupo; una tradición que es también carismática, aunque debe ser constantemente discernida.

5. Las *Reglas* o *Constituciones* no tienen otro objetivo que ser el cauce a través del cual se vive el Evangelio en cada instituto y se coordina la vida en comunión y misión. Es necesario no olvidar nunca que la norma suprema de cada instituto es el seguimiento de Cristo tal como ha sido transmitido en el Evangelio.

6. Hablamos de refundación carismática cuando comprendemos que la curva vital de un instituto está concluyen-

do un ciclo y debe abrirse a otro. Aquella forma de vida que surgió con gran fuerza en el origen llega a su punto culminante con el tiempo, pero después, inicia un periodo de descenso y deterioro. La vuelta a los orígenes exige en determinadas circunstancias un proceso de refundación. Para ello, no basta con la buena voluntad. Es necesaria una nueva intervención de Dios. Él envía a sus elegidos y los agracia con dones peculiares, conectados con la fuente carismática inicial, que hacen posible la refundación. Acoger esta gracia, alimentarla y desarrollarla es responsabilidad de cada grupo y de cada generación.

Parte IV:
«ENSANCHA LA TIENDA»
Familias carismáticas en misión y diaconía

Cuando algunos presagiaban, en los años posteriores al concilio Vaticano II, la desaparición de la vida consagrada y le negaban el futuro, el Espíritu Santo «ensanchó la tienda». La profecía de Isaías comenzó —una vez más— a verificarse.

Los continentes en otros tiempos más fecundos en vocaciones para la vida consagrada comenzaron a experimentar una inquietante disminución de nuevos candidatos y un envejecimiento de sus miembros, que ha conducido al cierre de comunidades, entrega a las diócesis o a la sociedad de las propias instituciones y muy pocas expectativas de continuidad. Sin embargo, el declive de las vocaciones en las iglesias de vieja cristiandad no ha impedido que florezcan abundantemente las vocaciones a la vida consagrada en otros continentes y países, especialmente de África y Asia.

Así mismo, en los países de vieja cristiandad el laicado ha encontrado un nuevo camino espiritual y misionero en los institutos religiosos que han ido conociendo y con los cuales se han ido identificando, sin perder su condición laical, seglar, y, en muchos casos, matrimonial. Este fenómeno está re-configurando a la Iglesia.

Los carismas que antes solo se vivían desde la condición del «religioso» o de «miembro de un instituto de vida consagrada», comienzan a ser compartidos y activados por «otros», casados o solteros, laicos y seglares e incluso cristianos de diversas denominaciones y aun personas de otros credos. Es así como el carisma que los fundadores se expande y contagia. Cuando esto ocurre, el laicado descubre otra dimensión «vocacional» en su vida, que progresivamente germina y, finalmente es reconocida por la Iglesia a través de un compromiso con un determinado instituto.

El Espíritu ha ido desplazando la energía de los carismas particulares hacia grupos humanos de otros continentes. El Espíritu suscita, así mismo, el fenómeno de laicos que experimentan en sí mismos una recalificación carismática de su vocación cristiana o humana. Este laicado se sabe llamado a compartir la espiritualidad y la misión de un determinado instituto. Así lo reconoce la Iglesia a partir del Sínodo sobre la vida consagrada en la exhortación apostólica *Vita consecrata*.

¡Se ha ensanchado la tienda, gracias a la acción misteriosa del Espíritu Santo! Emerge el fenómeno de los *carismas extendidos* más allá de los institutos que hacen profesión de los tres consejos evangélicos. El carisma de los fundadores encuentra formas peculiares de expresión en el laicado, en la vida matrimonial, en los ministros ordenados. Así nace el rostro de las nuevas «familias carismáticas», que se extienden a lo largo de nuestro mundo y rebasan nacionalidades, culturas, razas, pueblos. Las familias carismáticas se convierten así en una humilde parábola de otro mundo posible, y dan color específico al planeta que tiene vocación de «casa común».

Hay un nuevo amanecer. No hay sequía vocacional. Lo que hay es sed. No solo necesitamos odres nuevos para el vino nuevo, sino un agua pura que nos purifique y nos haga renacer, tal como Jesús le dijo al anciano Nicodemo (Jn 3,7).

Capítulo 8:

El «carisma extendido» en misión.

El ministerio colaborativo

Ha tenido mucho éxito en la vida consagrada —en estos últimos años— la expresión «misión compartida». El presupuesto era la convicción de que el carisma y la espiritualidad propios de un instituto de vida consagrada, podían también vivirse en otra forma de vida cristiana, laical o matrimonial. Y así se habla del «carisma compartido» o extendido. Hombres y mujeres, casados o solteros, entrando en contacto con los institutos religiosos, han experimentado la llamada a participar en una determinada espiritualidad y acción misionera. Tras un cierto discernimiento, los hermanos o hermanas de ese instituto han abierto las puertas a la «asociación» y al compartir carisma y ministerio en la misión,

En las últimas décadas se ha introducido en los institutos de vida consagrada un nuevo lenguaje, que extiende la tienda del carisma: «carisma compartido», «misión compartida». Esta ha sido una nueva y apasionante propuestas de los capítulos generales y provinciales, una de las claves del del gobierno, de la formación, de la visión y de la misión.

Así mismo, *la teología de la misión* ha experimentado en estos últimos años un notable avance: la misión ha sido enraizada en el misterio de Dios-Trinidad y se ha comprendido, ante todo, como *missio Dei*. Desde esta premisa la misión de la Iglesia queda subordinada a la misteriosa *missio Dei* que rebasa los límites eclesiásticos y también actúa en ámbitos de diálogo interreligioso, intercultural, en diálogo de vida con los desplazados y empobrecidos y últimamente en la clave de la sinodalidad[184].

I. El carisma extendido: la raíz del fenómeno

Uno de los fenómenos más llamativos dentro de la vida consagrada de nuestro tiempo es la toma de conciencia del «carisma compartido»[185], que describiría tal vez mejor, como «carisma extendido», porque —siguiendo la inspiración de la profecía de Isaías— la tienda del carisma se extiende (Is 54,2-7). Se ha ido descubriendo, con una especial intensidad, que los carismas fundacionales que dan perfil a los diversos institutos, caracterizados —en cuanto vida consagrada— por la profesión de los consejos evangélicos de obediencia, celibato y pobreza, no son únicamente «carismas» para la vida consagrada, sino que pueden ser agraciados con ellos quienes pertenecen a otras formas de vida cristiana (casados, solteros, de una tendencia sexual u otra…, presbíteros diocesanos) e incluso con otras formas de vida pertenecientes a diversas denominaciones cristianas o incluso personas pertenecientes a otras religiones. Y ¿esto a qué se debe?

---

[184] Cf. José Cristo Rey García Paredes, *Cómplices del Espíritu. El nuevo paradigma de la misión,* Publicaciones Claretianas, Madrid 2015.
[185] Cf. el excelente trabajo de Antonio Botana, «Es el momento de tomar decisiones audaces en misión compartida», *Vida Religiosa* - monográfico, 1/2020, vol. 128.

1. Las terceras órdenes

Se denominan «terceras órdenes», a los seglares o laicos, que unidos a un instituto religioso, se dedicaban al apostolado y buscaban vivir la perfección de la caridad bajo la dirección de un instituto religioso.

La orden benedictina tiene sus oblatos benedictinos seculares. Las órdenes que surgieron en el medioevo (franciscanos, dominicos, carmelitas, agustinos, trinitarios, servitas, etc), consideraban como «primera orden» la constituida por varones, sacerdotes o no, comprometidos con la observancia de los consejos evangélicos; consideraban como «segunda orden» la formada por religiosas de vida activa o contemplativa; la «tercera orden» estaba abierta a los laicos, casados o solteros, que permanecían en el mundo, pero que se esforzaban por vivir y actuar según el espíritu de una determinada orden[186].

2. El «propósito» de los fundadores o fundadoras

Es innegable que *la intención primaria* de muchos fundadores fue transmitir a otros el carisma con el cual habían sido agraciados por el Espíritu; un carisma que debería ser vivido desde la profesión de los tres consejos evangélicos (obediencia, celibato y pobreza). El carisma recibido les impulsaba a atender necesidades misioneras y espirituales detectadas en la

---

[186] Cf. CIC, c. 303; JESÚS ÁLVAREZ GÓMEZ, «Los laicos en la Iglesia: Las terceras órdenes», *Verdad y Vida* 46 (1988) 7-29; ID., *La vida religiosa ante los retos de la historia,* Publicaciones Claretianas, Madrid 1979, pp. 96-98; C. MÜLLER, *Die Anfänge des Minoritenordens und der Bussbrüderschaften,* Freiburg, 1885; P. MANDONNET, «Les origines de l'Ordo Poenitentiae», en *Compte rendue du Congrès scientifique international des Catholiques,* Friburgo, 1898, p. 187; E. PERETTO, *Movimenti spirituali laicali nel Medioevo,* Roma, 1985; D. M. CHENU, «Moines, clercs, laïcs au carrefour de la vie évangélique», *Revue de Histoire Ecclesiastique* (1953) 72-80.

Iglesia o en la sociedad. No obstante, ya en el pasado hubo fundaciones —como acabamos de ver— a las que se les añadieron «terceras órdenes», que ayudaban en diversos aspectos, especialmente materiales.

Con el paso del tiempo se descubre el potencial misionero y espiritual que deriva de la extensión del carisma en otras formas de vida cristiana. De ahí ha surgido el lenguaje del «carisma compartido» y la «misión compartida». Y de ahí emerge lo que ahora denominamos «familias carismáticas», en las cuales se incluyen bajo un mismo carisma formas de vida cristiana diversas: consagrada, laical, célibe o matrimonial. En tal situación es aplicable el texto de 1Co 7,17: «procure cada uno permanecer en la forma de vida y estado al que ha sido llamado».

No debemos olvidar que la Iglesia está siempre bajo el liderazgo y el dinamismo interior del Espíritu Santo, que sopla como el viento y «no sabes de dónde viene ni a dónde va» (Jn 3,8). La acción del Espíritu no queda sometida a nuestros esquemas mentales; por eso, los dilata y nos fuerza a encontrar nuevas fórmulas jurídicas o canónicas.

3. Las «familias carismáticas»

Actualmente la Iglesia descubre tras casi la mayoría de los institutos de vida consagrada (monástica, contemplativa, mendicante, apostólica, laical o presbiteral, institutos seculares o sociedades de vida apostólica) la extensión de las «familias carismáticas» a ellos vinculadas. Y en tales familias adquieren tonalidades más intensas los diversos carismas: hospitalidad, compasión, misericordia, amparo, providencia, evangelización, educación, catequesis, atención a las diferentes formas de pobreza… En tal situación ningún grupo o comunidad reivindica para sí solo el derecho de propiedad, ni el monopolio.

El «carisma extendido» o «las familias carismáticas» configuran de una manera peculiar la Iglesia. Este fenómeno ha de ser integrado en la reflexión eclesiológica, como un auténtico fenómeno eclesial. Y no se debe atribuir este hecho carismático a un intento de supervivencia y solución ante la disminución de miembros de los institutos religiosos. Ni es lícito pensar que así se crea «una iglesia paralela». No solo se es Iglesia integrado en una parroquia o en estructuras diocesanas. También se es iglesia integrado en estructuras carismáticas, aprobadas por la misma Iglesia.

No es el derecho canónico el que configura la Iglesia, es el Espíritu Santo que sopla donde quiere, cuando quiere y por el tiempo que quiere. Hay que estar muy atentos para descubrir por dónde el Espíritu lleva a la Iglesia y cómo la configura. Y el fenómeno al que me refiero es uno de ellos. En la Iglesia hay formas estables de vida, hay movimientos, hay familias carismáticas.

Este panorama legitima el que haya entre nosotros personas con una identidad carismática «compleja»[187]. En determinadas personas se cruzan diversas pertenencias carismáticas, que no deberían sorprendernos: que uno sea franciscano y al mismo tiempo pertenezca a la renovación carismática o a los focolares. O que alguien que pertenece a los neo-catecumenales se sienta muy identificado con el carisma de san Juan de Dios y lo explicite en su vida. Quien es agraciado con el Espíritu puede hablar diversas lenguas. Las estructuras eclesiales deben dar nombre y estabilidad a los maravillosos caprichos del Espíritu y no encorsetarlo.

---

[187] Cf. Amin Maalouf, *Identidades asesinas,* Alianza Editorial, 2012.

II. El ministerio colaborativo en la ecología de la misión

El título de este apartado podría sorprender: El *ministerio colaborativo de la vida consagrada dentro de la ecología de la misión carismática.*

Por una parte, ¿qué puede significar hoy «ministerio colaborativo»? Y, por otra, ¿por qué hablar de «ecología de la misión carismática»? *Ecología* es una palabra que nos lleva a entender la misión —en clave teológica— como un ecosistema en el que la misión actúa y se realiza en diferentes capas y niveles, pero todos ellos en mutua interconexión. Un aspecto de este ecosistema es el tema de esta reflexión: «ministerio colaborativo».

La clave inspiradora de esta forma de hablar se encuentra en el texto ya citado del decreto *Apostolicam actuositatem* (Sobre el apostolado de los laicos), del concilio Vaticano II:

«La misión es una; los ministerios son muchos (*Unitas missionis, pluralitas autem ministerii*)» (AA, 2).

La «misión» en la Iglesia y en el mundo no se identifica con el trabajo que realizamos, sino con aquello que Dios está realizando con nosotros y a través de nosotros a favor de la humanidad y de la creación. La misión es, sobre todo, *missio Dei.*

La misión es un movimiento que viene del Cielo a la tierra, a la humanidad, a toda la creación. Estamos llamados —los seres humanos— a participar. Solo la misión —así entendida— es la *matrix* de todos los ministerios y servicios o diaconías. Se genera así *un ecosistema* en el que todo está —o debe estar— regulado por el «principio de la colaboración».

No es fácil colaborar en la misión cuando se hacen presentes diversos carismas y ministerios. La colaboración requiere madurez espiritual y un profundo sentido de ser miembros del cuerpo extendido eclesial de Jesús resucitado; como también la conciencia de que pertenecemos a un cosmos en el cual todo está interconectado.

Reflexionemos sobre ello en cuatro momentos:

1) *El significado y el desafío*: ¿por qué el «ministerio colaborativo»?
2) *La matrix*: «*missio Dei* y la ecología de la misión».
3) *La dinámica:* funciones ministeriales de los diferentes miembros en el mismo cuerpo de Jesús;
4) *La praxis:* «Misión compartida», habilidades para la colaboración en el ministerio de la vida consagrada.

1. El significado y el desafío: el «ministerio en colaboración»

El ministerio colaborativo es un término que ha crecido en uso y reconocimiento en diferentes partes de la Iglesia en los últimos 20 o 30 años. Últimamente, autores de diferentes denominaciones cristianas —especialmente de habla inglesa— han reflexionado sobre el «ministerio de colaboración"[188]. Se

---

[188] Cf. Stephen Pickard, *Theological Foundations for Collaborative Ministry,* Farnham, Ashgate 2009; Craig van Gelder (ed.), *The Missional Church and Leadership Formation: Helping Congregations Develop Leadership Capacity*, William B. Eerdmans, Grand Rapids 2009; Ian K. Williams, «Enabling collaborative ministry in rural Anglicanism», *Rural Theology* 2 (2004) 89; Cf. R. Greenwood, *Transforming Priesthood, SPCK*, London 1994; Id., *Practising Community*, SPCK, Londres 1996; Id., *The Ministry Team Handbook,* SPCK, Londres 2000; Id., *Transforming Church*, SPCK, Londres 2002; A. Bowden, *Ministry in the Countryside*, Mowbray, Londres 1994; A. Bowden - M. West, *Dynamic Local Ministry*, Continuum, Londres 2000.

trata de un concepto en desarrollo. Se utilizan otros términos para la misma idea: ministerio total[189], ministerio local compartido, «ministerio de cada miembro», «misión compartida»[190].

a) «Colaboración»: el significado

John Nelson describe la «colaboración» en los siguientes términos:

> «Colaborar significa llevar a otros a una asociación abierta y honesta en la cual las personas y los grupos cooperan, comparten sus puntos fuertes y débiles y trabajan por un bien común»[191].

En aras de la claridad, podemos definir el «ministerio de colaboración» de la siguiente manera:

> «el clero, la vida consagrada (masculina y femenina) y los laicos de la iglesia local y mundial trabajando juntos, como ministros cristianos, cada uno por su cuenta, apoyándose mutuamente y actuando en comunión con toda la iglesia»[192].

En nuestro tiempo se pueden identificar tres formas de *enfocar* y *entender* el «ministerio» en la Iglesia:

- *Primero: solo existe un ministerio, que es* el ministerio ordenado. Los demás cristianos son las personas agraciadas y que se benefician de ese importantísimo servicio.

---

[189] Cf. S. C. ZABRISKIE, *Total Ministry,* University of Nottingham, Alban Institute, Nueva York 1995.
[190] Diócesis de Auckland, 2003.
[191] J. NELSON (ed.), *Management and Ministry,* Canterbury Press, Norwich 1996, p. 16.
[192] IAN K. WILLIAMS, «Enabling collaborative ministry in rural Anglicanism», *Rural Theology* 2 (2004) pp. 89.

El ministerio en la Iglesia Católica se ha identificado sobre todo con el ministerio ordenado. Este modelo tradicional sigue siendo el paradigma dominante. No es lo mismo «trabajar con otros», que «trabajar para y a favor de otros», estableciendo ya de principio una relación jerárquica.

- *Segundo: el ministerio cuenta con ayudas y se sirve de delegaciones en determinados casos.* Aquí se pone de relieve que no es lo mismo «colaboración» que «delegación». En la delegación no existe la relación mutua, ni tampoco la colaboración, sino la obediencia y atenerse a la función delegada.
- *Tercero: ministerio de colaboración:* En la colaboración, trabajamos conjuntamente personas diferentes, en clima de retroalimentación mutua, comunicación abierta, y no se presta atención al hecho de que alguien pueda exceder los límites marcados[193].

El ministerio de colaboración no se limita a los *equipos ministeriales dentro de la Iglesia católica.* Una comprensión más amplia de la misión nos lleva a trabajar en colaboración con iglesias de otras denominaciones[194], otras religiones e incluso con organismos ajenos a la Iglesia[195]. La colaboración es una

---

[193] Cf. S. GOLDMAN - W. M. KAHNWEILER, «A collaborator profile for executives of non-profit organizations», *Nonprofit Management and Leadership* 10 (2000) 434-450.

[194] Cf. D. B. COZZENS, *The Changing Face of Priesthood*, The Liturgical Press, Collegeville 2000.

[195] Cf. S. SHAW - L. CARNELLY - H. PETCH, *Sowing the Seed: Church and rural renaissance in Yorkshire and the Humber,* The Churches Regional Commission for Yorkshire and the Humber, Leeds 2003.

preocupación no solo en la Iglesia, sino también en el pensamiento político actual[196].

b) ¿Cómo abordar las relaciones correctas y mutuas?

A pesar de ello, nuestras comunidades tienen que enfrentarse a dificultades no solo prácticas, sino también teóricas —teológicas—. Hay algunos *problemas más profundos* que inciden en el estado actual de las relaciones mutuas en la Iglesia de Dios.

Hacer bien el ministerio de colaboración requiere mucho tiempo y energía en las etapas iniciales antes de que las personas sean capaces de trabajar juntas de manera efectiva[197]. Hay que afrontar las relaciones correctas y mutuas entre el clero, los laicos y la vida consagrada, las estructuras de una verdadera colaboración en la misión, la conciencia de ser «*laos* —pueblo— de Dios», y sobre todo, miembros del Cuerpo de Jesús en interconexión vital.

La vida consagrada es ahora —más que nunca— agente de una eclesiología de comunión y misión: «carisma compartido» y «misión compartida» son los nombres de esta nueva conciencia. La interconexión con otros miembros del cuerpo de Jesús (laicos, ministerio ordenado) es un imperativo ineludible para nuestros institutos. Nos sentimos llamados a compartir el carisma y la misión con las personas que el Espíritu Santo atrae para que se unan a nosotros en un ministerio de colaboración.

---

[196] Cf. M. Hudson, *Managing at the Leading Edge*, Directory of Social Change, Londres 2003.
[197] Cf. Sally Nash - Jo Pimlott - Paul Nash, *Skills for collaborative Ministry*, SPCK, Library of Ministry, Londres 2011.

c) Cuatro preguntas fundamentales

La primera pregunta: ¿comprensión ontológica o funcional del ministerio ordenado? La cultura occidental es *una cultura altamente funcionalista* en la que las cuestiones ontológicas se consideran irrelevantes. Sin embargo, tenemos que encontrar cómo interconectar la ontología y la función en nuestra comprensión del ministerio ordenado. Así, la doctrina de la *sucesión apostólica* es un punto de debate. ¿En qué se convierte un sacerdote al ser ordenado por un obispo? El infeliz dualismo (ontología y función) persiste y está muy arraigado, práctica, oficial y teológicamente.

La segunda: es un problema sistémico: la influencia omnipresente de la *filosofía del individuo* dentro del pensamiento y la vida social ha influido notablemente en la comprensión del ministerio ordenado. Así lo reconoce John Zizioulas cuando escribe: «el ministerio y la ordenación no se abordan básicamente desde *el ángulo de la comunidad eclesial concreta*, sino *desde el ángulo de la "ontología" de la persona individual o de la ontología de su* "función"». Según Zizioulas el ministerio se ha entendido sin conexión con la cristología y la teología trinitaria; y el ministerio en la Iglesia no se ha relacionado con el ministerio de Cristo. La reflexión sobre el ministerio ha quedado expuesta a la cultura imperante del individualismo[198]. Lo cual genera un *narcisismo fundamental* que ejerce una fuerza latente y poderosa en el discernimiento de la vocación para el ministerio ordenado. Lo importante en el discernimiento de un individuo para el ministerio es su propia experiencia de la llamada, sin conexión con la llamada de la Iglesia. Y concluye Zizioulas:

---

[198] JOHN D. ZIZIOULAS, *Being as Communion: Studies in personhood and the Church*, Darton Longman and Todd, 2004, p. 209.

«el sesgo comunal de nuestra sociedad ha sido y sigue siendo el impedimento más serio para el desarrollo de una teología más rica de las órdenes en la Iglesia de Jesucristo»[199].

La tercera: Cuando los ministerios ordenados actúan desde el paradigma clerical e individualista, el resultado no augura nada bueno para *la misión de la Iglesia.* Se consumen demasiadas energías defendiendo viejas posiciones, emprendiendo nuevos programas de compromiso, o replegándose en refugios eclesiásticos seguros e irrelevantes.

La cuarta: En el pasado las relaciones de la vida consagrada con los laicos no eran fáciles. La conciencia de superioridad espiritual gestó las relaciones jerárquicas: los laicos se convirtieron en meros servidores del clero y no sus compañeros. Se generó así un nuevo tipo de clericalismo.

Tenemos que confesar lo poco que la formación y educación ha insistido en adquirir hábitos para las prácticas de colaboración entre todos los miembros de la Iglesia (clero, religiosos y laicos). El clero, por lo general, muestra una aptitud mínima para tal tipo de colaboración; quizá incluso menos que los laicos. Algunos líderes muestran poca comprensión de lo que significa «trabajar con otros» en el ministerio y el liderazgo. El ministerio colaborativo no es una cuestión fácil.

---

[199] Por «sesgo comunitario» se entiende el *ethos* predominante de la cultura moderna que favorece el individualismo, la competitividad y la independencia personal. Lo que se presupone es que la unidad individual es autónoma y autodeterminada. En este contexto, la comunidad se considera necesaria para la satisfacción del individuo, que se considera completamente autónomo. La comunidad es necesaria pero no intrínseca al ser. La expresión fue utilizada por primera vez en el informe de 1994 *Ordination and Ministry in the Uniting Church*, p. 14 n. 3.

2. La matrix: «missio Dei» y la ecología de la misión

El término *matrix* es empleado aquí para significar «algo dentro o a partir de lo cual se origina, desarrolla o toma forma otra cosa». Y eso sucede con lo que ordinariamente llamamos «misión» en la Iglesia.

La misión no es simplemente aquello que *la Iglesia hace* a favor de la humanidad o de las comunidades cristianas. La misión nace de la *matrix*, que es la *missio Dei*. La misión no es autogenerada por la Iglesia misma, sino que es agraciada y penetrada por la misión trinitaria de Dios. La *missio Dei* se extiende, y la Iglesia es llamada a participar en ella y en dependencia absoluta de ella. Es así como surge la «ecología de la misión». La misión no es, sin más, lo que hace la Iglesia, sino lo que Dios Trinidad quiere realizar por medio de la Iglesia y a través de sus ministerios o servicios[200] Este paradigma de misión abre nuevas perspectivas al «ministerio colaborativo».

a) La comprensión trinitaria de la misión

Un aspecto central de esta concepción de la misión es la labor del Dios trino al llamar y enviar a la Iglesia por medio del Espíritu al mundo para que participe plenamente en la misión de Dios en toda la creación. En esta concepción teológica, la Iglesia se entiende como *la creación del Espíritu*[201]: existe en el mundo:

- Como señal de que el reino redentor de Dios está presente.

---

[200] Cf. Leslie Newbigin, *The Open Secret, An Introduction to the Theology of Mission,* William B. Eerdmans Publishing Company 1978.
[201] Cf. Craig van Gelder, *The Essence of the Church: A Community created by the Spirit,* Baker, Grand Rapids, 2000; Id., *The Ministry of the Missional Church: A Community led bu the Spirit,* Baker, Grand Rapids, 2007.

- Como anticipo del futuro escatológico del reino redentor que ya ha comenzado.
- Como instrumento bajo la dirección del Espíritu para llevar ese reino redentor a todas las dimensiones de la vida.

La misión no es lo que *hace la iglesia*. La misión es lo que la iglesia *es*.

Necesitamos una comprensión sistémica de la misión. La Biblia revela la «misión» -ante todo- como un atributo divino: *missio Dei*. Dios mismo es el principal protagonista y actor de la misión[202]. El Dios bíblico es la Trinidad misionera, la Trinidad inquieta (Metchild de Madburg), la Trinidad pericorética, siempre comprometida en la danza de la misión como Creador, como Redentor, como Santificador.

La *missio Dei* brota del seno del *Abbá*, que envió a Jesús por amor a nosotros[203]. La Carta a los Hebreos llama explícitamente a Jesús el *Apostolos*, es decir, el misionero de Dios[204]. El objetivo principal de la vida de Jesús fue cumplir la misión que ha recibido del Padre: «hágase tu voluntad». El Viernes Santo Jesús puso fin a su misión exclamando desde la cruz: *Consumatum est*[205] (Jn 19,28.30). Pero la *missio Dei* no concluyó. Jesús prometió a sus discípulos:

---

[202] Cf. José Cristo Rey García Paredes, *La misión: la clave para entender la vida consagrada hoy*, (publicado en diferentes idiomas y lugares: <http://sedosmission.org/old/spa/paredes_1.htm>.; Id., *Cómplices del Espíritu: el nuevo paradigma de la Misión*, Publicaciones Claretianas, Madrid 2015; Jacques Gadille, «La incesante conversión a la *missio Dei*. Un recorrido histórico» *Spiritus* (ed. Latinoaermicana) 48 (2009) 38-46.

[203] Joh 3:17: ἀπέστειλεν ὁ θεὸς τὸν υἱὸν εἰς τὸν κόσμον.

[204] τὸν ἀπόστολον καὶ ἀρχιερέα τῆς ὁμολογίας ἡμῶν Ἰησοῦν (Hb 3,1).

[205] τετέλεσται (Jn 19,30).

«No os dejaré huérfanos, enviaré al Espíritu que procede del Padre» (Jn 15,26)[206].

La misión de Jesús fue llevada a cabo por el Espíritu Santo: «e inclinó la cabeza y entregó su espíritu» (Jn 19,30); «sopló sobre ellos y les dijo: "Recibid el Espíritu Santo"» (Jn 20,22). Cuando Jesús subió al cielo y se sentó (ἐκάθισεν) a la derecha del Padre (Hb 1,3), el Espíritu Santo fue enviado a nosotros. El Espíritu Santo está en misión permanente. No es una alternativa a la misión de Jesús. Nos recuerda esa misión, que lleva al cumplimiento, que hace posible todo lo que Jesús comenzó y prometió.

El Espíritu Santo compartió su misión con la Iglesia. Para ello, el Espíritu Santo ha sido derramado en nuestros corazones y se nos ha entregado (Rm 5,5), manifestando sus energías misioneras en diferentes carismas. Todos los que forman parte de la Iglesia están llamados a participar en la misión del Espíritu. El Espíritu es «epifánico» en todos esos carismas, que dinamizan la misión de la Iglesia (ἡ φανέρωσις τοῦ πνεύματος, definido por Pablo en 1Co 12,7).

b) El lenguaje trinitario del «ministerio de colaboración»

El lenguaje de la misión es trinitario[207]. El lenguaje del «ministerio de colaboración» tiene que ser también trinitario. La identidad cristiana es fundamentalmente relacional.

---

[206] ὅταν ἔλθῃ ὁ παράκλητος ὃν ἐγὼ πέμψω ὑμῖν παρὰ τοῦ πατρός, τὸ πνεῦμα τῆς ἀληθείας.

[207] EDWARD HAHNENBERG, *Ministries: A Relational Approach*; Robin Greenwood, *Transforming Priesthood;* L. WILLIAM COUNTRYMAN, *Living on the Border of the Holy: Renewing the Priesthood of All,* Morehouse, Harrisburg 1999; KENNETH MASON, *Priesthood and Society to the Holy, a life of encounter at the borderlands between God and the world*, Canterbury Press, Norwich 1992, cap. 2 (esp. p. 36) sobre el «sacerdocio de la humanidad».

La misión del Espíritu se realiza a través de un gran número de ministerios y colaboradores misioneros. El día de Pentecostés, el Espíritu vino sobre un nuevo pueblo y lo ungió. Miles y miles de colaboradores y cómplices han llevado a cabo, a lo largo de los siglos, la misión:

«La misión es una; los ministerios son muchos» (AA 2).

La misión del Espíritu es la madre de la Iglesia: es la madre de cada congregación, de cada comunidad. El Espíritu Santo actúa a través de múltiples ministerios, servicios y carismas. La *missio Dei* se convierte en esta etapa de la historia en *missio Spiritus*; y es la clave para entender la *missio Ecclesiae*. Es la bisagra sobre la que gira todo, el núcleo que lo sostiene. A través de la Iglesia, como cuerpo de Cristo Jesús, el Espíritu lleva a cabo la misión.

Además, el Espíritu Santo no restringe el número de sus colaboradores: habla a través de los profetas, tanto de la profecía cristiana como de la religiosa, e incluso de la profecía profana. Actúa a través de tantos seres humanos, sin discriminación, que han recibido sus dones y los ponen, consciente o inconscientemente, a su servicio. Pero el Espíritu nunca actúa a favor de quienes colaboran con él de forma violenta. «Donde está el Espíritu, también está la libertad». Por eso, no ejerce ninguna presión y así es muy fácil «entristecer al Espíritu» en este juego de libertades en el que rechazamos el cumplimiento y tratamos de imponer nuestra propia voluntad.

c) El fundamento más profundo: la vida pericorética de Dios - el Creador

El «modo de unión» de la vida de la Santísima Trinidad es emblemático de la inclinación de ese Dios hacia el mundo y el ser humano. El icono de Rublev capta muy bien el espíritu de colaboración. La vida pericorética (lit.: «bailando alrededor») de Dios es el fundamento más profundo de un ministerio de colaboración. El reconocimiento de este hecho ha proporcionado el trampolín en la teología contemporánea del ministerio para la llamada comprensión relacional del ministerio

Colaborar significa trabajar con otro. El acento se pone en «con» y no en «para» o «bajo».

• Es una actividad cooperativa que requiere *confianza en los demás, humildad respecto a la propia sabiduría y competencias* y el deseo de liberar la creatividad y los dones de aquellos con los que se trabaja.
• Este tipo de colaboración genera *un «ethos»* y un modo de compromiso, incluso cuando dirige ciertos tipos de prácticas de trabajo.

Basándose en las fuentes de la Iglesia primitiva (por ejemplo, la tradición apostólica de Hipólito y Juan Crisóstomo), algunos autores señalan la interdependencia fundamental entre «presbítero y pueblo (*laos*)». Eso significa que los ministros ordenados no son una casta ajena al «laos» de Dios: pertenecen al «laos» de Dios y son miembros del cuerpo de Jesús. Este énfasis en la ubicación particular del presbítero dentro del pueblo lleva a afirmar que «los presbíteros se definen por su relación con los demás miembros del "laos" o pueblo. El presbítero necesita al pueblo para ser presbítero. El pueblo necesita al presbítero para ser el pueblo de Dios». El uno «inter-anima al otro». Es necesario establecer una dinámica de reciprocidad.

La colaboración no es algo ajeno a la creación como tal. Más bien, la forma de vida social y cooperativa pertenece a la creación. *La colaboración está codificada en la forma en que Dios crea y actúa.* Es algo más que un hecho interesante de antropología cultural y social. *Las raíces teológicas conducen a una vida cooperativa y colaborativa fundada en la creación y orientada a la existencia redentora.* Cuando la Iglesia actúa de forma colaborativa, actualiza su propia realidad más profunda.

La búsqueda de relaciones más integradoras entre los ministerios dentro de la Iglesia sigue siendo un reto permanente. La Iglesia es una red viva de interconexiones. Tenemos que volver a concebir el ministerio utilizando un lenguaje relacional, recuperando la teología trinitaria de la *perichoresis*. Las categorías interdependientes y relacionales son necesarias para una comprensión integradora del ministerio.

III. La dinámica: una «ecclesia» colaborativa – un ministerio colaborativo

1. *Surge de la teología bautismal*

En los escritos del apóstol Pablo, el ministerio cristiano se describe en términos de *asociación* y tiene *un carácter de colaboración.* Surge de una teología bautismal de muerte al yo y nueva vida en Cristo. Esta es la prueba de fuego para todo ministerio que lleve el nombre de Cristo. Todo el pueblo de Dios está llamado, en virtud de su bautismo, a colaborar trabajando juntos por el reino de Dios que viene. El ministerio de colaboración no es un extra opcional, sino la manera en que el ministerio del Evangelio es un ministerio del Evangelio.

El bautismo, la comunidad y el ministerio están, pues, inextricablemente unidos. El bautismo es el sacramento de la iniciación en la comunidad cristiana. La Iglesia es una comunidad de fe, de servicio (*diakonia*) y de testimonio (*martyria*).

Toda la comunidad tiene un papel ministerial, que surge del bautismo.

El Espíritu Santo otorga a la comunidad dones diversos y complementarios... para el bien común de todo el pueblo... Todos los miembros están llamados a descubrir, con la ayuda de la comunidad, los dones que han recibido y a utilizarlos para la edificación de la Iglesia y para el servicio del mundo al que la Iglesia es enviada[208].

En las primeras comunidades cristianas, encontramos un proceso curioso: los carismas se convierten en ministerios o servicios eclesiales, y los ministerios se dividen en ordenados y no ordenados. Muy pronto la atención se centra en las órdenes. En este punto, se reafirma que el ministerio de los ordenados «es constitutivo para la vida y el testimonio de la Iglesia»; la presencia de los «ordenados» es necesaria por cuatro razones:

- para recordar a la comunidad su confianza en Cristo,
- para construir la comunidad en Cristo,
- para fortalecer su testimonio
- y ofrecer a la comunidad un ejemplo de santidad.

Los ordenados «solo pueden cumplir su vocación en y para la comunidad» y «no pueden prescindir del reconocimiento, el apoyo y el estímulo de la comunidad». Se propone una fuerte relación entre ordenados y laicos de forma positiva.

El crecimiento y desarrollo de los ministerios del pueblo de Dios ha sido una fuerza renovadora en las iglesias. Tenemos que poner un énfasis renovado en el ministerio de todo el pueblo de Dios. Los ministerios pertenecen a la naturaleza

---

[208] *Bautismo, Eucaristía y Ministerio.* Documento de Fe y Constitución nº 111, Consejo Mundial de Iglesias, Ginebra 1982, p. 20, par. 5.

misionera de la *ecclesia*. Hablar de una *ecclesia* colaborativa, es hablar de un ministerio colaborativo. En virtud de ser el cuerpo de Cristo, la Iglesia es una entidad colaborativa. Como criatura de la Palabra y el Espíritu, la *ecclesia* de Dios es una nueva comunidad en relación con Dios y el mundo. Ha surgido como un milagro de la gracia por obra del Espíritu del Dios y Padre de nuestro Señor Jesucristo.

2. *«El bautismo representa el primer orden» (J. Zizioulas)*

El paradigma bautismal para los ministerios —defendido por el teólogo ortodoxo John Zizioulas[209]— reconoce que:

> «El Bautismo es el primer *orden de la Iglesia* —tanto cronológica como ontológicamente—. Por esta razón, "no existen personas "no ordenadas" en la Iglesia».

Los ritos del bautismo y la confirmación (que implican la «imposición de manos») son «esencialmente una ordenación». En esta acción sacramental, la persona «no se convierte simplemente en "cristiano", sino que es integrada en un "ordo" particular de la comunidad eucarística. Cuando se olvida esto, los laicos se convierten en los «no ordenados» —innecesarios en la comunidad eucarística— y aparece el clericalismo».

Aidan Kavanagh —teólogo benedictino— ha llamado la atención sobre el distanciamiento gradual de los ministerios cristianos ordenados de la *plebs Dei* desde la alta Edad Media hasta el siglo XX. Señala que los «efectos están a nuestro alrededor: los otros ministerios cristianos, donde sobrevivieron,

---

[209] JOHN ZIZIOULAS, *Being as Communion: Studies in Personhood and the Church,* Longman and Todd, Londres 1985, p. 216.

se han presbiteralizado, y el resto de la iglesia se ha des-ministerializado»[210].

Hoy en día existe una importante confusión entre el clero respecto a su papel y autoridad dentro de la Iglesia moderna. Los ministros ordenados tienen que reinventar su propio papel en una comprensión relacional de la Iglesia como un cuerpo con diferentes miembros. Una tarea teológica urgente es la de aclarar las relaciones entre los ministerios. Los ministerios de la Iglesia están interrelacionados. Son moldeados y dinamizados por Cristo y el Espíritu.

Debemos reevaluar la relación entre *el ministro ordenado* y *la comunidad ordenada*[211]. La finalidad y las tareas del ministerio tienen que ver con la finalidad y la misión de la Iglesia. Un reto actual es cómo reconocer y honrar a ambos. Philip Rosato ha respondido que «los ordenados representan su jefatura trascendente [de Cristo] y los bautizados su presencia inmanente a la Iglesia, y a través de ella, su jefatura y presencia a la humanidad»[212]. Estas dos modalidades distintas del sacerdocio cristiano están «orientadas la una a la otra».

---

[210] AIDAN KAVANAGH, «Christian Ministry and Ministries», *Anglican Theological Review* 66, Supplementary Series no. 9 (1964) 38.
[211] WERNER JEANROND, «Community and Authority: The Nature and Implications of the Authority of the Christian Community», en GUNTON y HARDY (eds.), *On Being the Church*, p. 98.
[212] PHILIP ROSATO, «Priesthood of the Baptized and Priesthood of the Ordained: Complimentary Approaches to their Relation», *Gregorianum* 68/1-2 (1987) 260.

3. Cuando los carismas se convierten en «ministerios»

Los carismas son dones del Espíritu «que tienen como objetivo el ministerio»[213]. Los carismas «son expresiones de la vida llena de Espíritu de la comunidad ministerial de la Iglesia».

El ministerio «es la expresión propia y normal del carisma en la vida de la Iglesia». El ministerio está vinculado a una actividad del Espíritu más que a una creación de la Iglesia. El ministerio es la forma pública y comunitariamente reconocida del carisma.

El carisma de servicio —dones especiales del Espíritu para el servicio, por ejemplo, la profecía, la enseñanza, las palabras de sabiduría, la predicación, la curación, la interpretación de lenguas, el cuidado de los demás[214]— es diferente de otras manifestaciones del Espíritu cuya finalidad puede no incluir el servicio, por ejemplo, el don de lenguas, el estado único (1Co 7,7). Los carismas de servicio «pueden ser conferidos y ejercidos esporádicamente para el bien de la comunidad»[215]. El paso de un ejercicio ocasional a un ejercicio más permanente del carisma está señalado por el término «ministerio».

IV. La Praxis: «Misión compartida»-Habilidades para el «Ministerio de Colaboración» en la vida consagrada

En las últimas décadas, nuestros institutos de vida consagrada han introducido en su lenguaje el término «misión

---

[213] Aidan Nichols, *Holy Order: Apostolic Priesthood from the New Testament to the Second Vatican Council*, Veritas, Dublín, 1990.
[214] Francis Martin, *The Feminist Question*, Eerdmans, Grand Rapids, 1994.
[215] Id., *o.c.*, pp. 59-60.

compartida», que —en cierto sentido— se corresponde con el de «ministerio colaborativo». Ha tenido mucho éxito y se ha convertido en una característica clave en el gobierno, la educación, la visión y la misión.

1. Compartir el carisma y el ministerio en colaboración: fuente de energía y alegría

Uno de los fenómenos más llamativos de la vida consagrada es la conciencia de «compartir» nuestro carisma con otras formas de vida cristiana e incluso con formas de vida no cristiana. El Espíritu Santo sopla como el viento, no se sabe de dónde viene ni a dónde va (Jn 3,8), distribuye sus dones como quiere, a quien quiere y en el tiempo que quiere.

Los carismas de la hospitalidad, la compasión, la misericordia, la protección, la providencia, la evangelización, la educación, la catequesis, la atención a las diferentes formas de pobreza, etc., se reconocen como los dones que el Espíritu otorga a personas de diferentes formas de vida cristiana para que puedan expresar y actuar un dinamismo carismático específico en la misión y la vida espiritual de la Iglesia. El carisma es, en este caso, compartido por consagrados y laicos. Laicos y religiosos forman «familias» carismáticas.

La exhortación *Vita consecrata* reconoce este fenómeno: «el carisma de un instituto de vida consagrada puede ser compartido con los laicos» (VC 54); pero también añade: las estructuras de comunión no deben ser un obstáculo para la legítima autonomía e identidad de cada una de las formas de vida (VC 70).

Desde esta perspectiva, podemos hablar de «misión compartida». El concilio Vaticano II lo expresó de forma escueta: *Est in Ecclesia unitas missionis, pluralitas autem ministerii* («En

la Iglesia hay unidad de misión y pluralidad de ministerios»,
AA 2).

El descubrimiento de que los cristianos son miembros «los
unos de los otros» crea energía y alegría en el ministerio y
capacita a la Iglesia en una época de misión.

El ministerio cristiano es una fuente de alegría, cuando
surge de la práctica colaborativa: trabajo en equipo, ministerio compartido, propósito común combinado para promover
la misión de Dios en el mundo. La alegría del ministerio reside en las prácticas de colaboración, en las que todos participan y consideran que el ministerio es una tarea verdaderamente compartida y no el monopolio de un grupo concreto.
La actitud del ministerio compartido no es automática: hay
que trabajarla. A menudo se encuentra con la resistencia del
clero y de los laicos.

La alegría del ministerio es costosa, pero los resultados son
una expansión de todos los ministerios del pueblo de Dios.
Las órdenes tradicionales de ministerio son mejoradas y ben-
decidas a través de la colaboración. Los ministerios más nuevos se liberan y reciben energía. Esta reciprocidad en el ministerio genera una profunda alegría; algo que dio al apóstol
Pablo una notable energía para la nueva misión y el testimonio fiel (por ejemplo, Flp 4,1; 1Ts 2,20).

2. *Una cuestión clave es la del poder*

La vida en relación con los demás implica el ejercicio del
poder. El poder no es algo malo. Es —como debe ser— la expresión del dinamismo del Espíritu en nosotros. Sin un sentido emergente de poder personal, no nos desarrollamos ni
maduramos. Los que crecen sin un sentido de poder pueden
fácilmente hacer un mal uso del poder y abusar de él.

Un enfoque de colaboración en el ministerio *requiere tanto compartir el poder como otorgarlo generosamente*. Esta es una acción profundamente regeneradora y aumenta el poder disponible. Sin embargo, esta dinámica es contra intuitiva y algo a lo que la mayoría de nosotros nos resistimos por miedo a nuestra propia disminución. Estamos más acostumbrados a las «tomas de poder» o a la cesión inapropiada del mismo.

Tenemos que estar atentos para no volver a las formas de relación autocráticas o malsanas y sumisas. *La* forma de relación autocrática tiene que ver con el miedo y la ansiedad por la pérdida de control. Lo más frecuente es que la delegación *no sea una verdadera delegación, sino una asignación de tareas*.

Este tipo de liderazgo sabe poco de la verdadera colaboración o colegialidad. El liderazgo autocrático ofrece certeza y seguridad. El *líder autocrático* utiliza los dones de los demás, pero la creatividad, cuando se permite, se gestiona cuidadosamente. Cuando matamos la creatividad, hay poca o ninguna comprensión de lo que significa ser miembros «unos de otros» (Rm 12,5), orientados hacia el otro como fundamento ontológico de la vida y el ministerio.

Cuando la *competencia, en lugar de la cooperación*, domina la escena, es axiomático que el poder estará sesgado de *forma poco saludable*. El espíritu de colaboración es una experiencia extraña dentro del entorno competitivo de la modernidad.

3. Siete principios: colaboración mutua entre religiosos y laicos

Es extraordinario encontrarse como parte de un grupo enviado, como una familia enviada por Aquel que envió a Jesús y que ahora envía el Espíritu, como un regalo colectivo para todos, para infundir ánimo y poder. De todo ello me gustaría sacar algunas conclusiones muy importantes:

- La misión carismática, o la contribución de la familia carismática a la única misión, no nacida principalmente de una iniciativa humana, sino del Espíritu, requiere nuestra constante atención *a los signos del Espíritu,* de discernimiento, de obediencia a sus revelaciones y recomendaciones. No hay misión carismática sin una espiritualidad que la sostenga en todo momento: una espiritualidad comunitaria, familiar.
- En principio, no debe haber jerarquías establecidas, ni rangos entre los bendecidos con el carisma. Los laicos no deben ser considerados como individuos de «segunda categoría» o como meros ayudantes de los religiosos. Esto significa que las instituciones de vida religiosa no deben erigirse en «fuente primaria» de gobierno, economía o liderazgo. En el mejor de los casos, solo deberían hacerlo para iniciar y facilitar el proceso, como una especie de situación de tutoría, dando lugar luego a una responsabilidad y liderazgo compartidos.
- Lo que da derecho a participar en la misión compartida es haber sido bendecido y agraciado con *una llamada única de Dios* para participar en un carisma especial dentro de la Iglesia, para vivirlo con un tipo especial de espiritualidad y para actuar en él como una contribución única a la misión de la Iglesia. Sin una vocación, la misión compartida se convierte simplemente en una mera colaboración a través de la amistad o el compañerismo en diversos trabajos; pero no tendría la apariencia de una llamada carismática a la misión, que viene de Dios.
- La vocación carismática se desarrolla a través de un proceso de alineación con Cristo Jesús, tanto en la forma de vida religiosa, como en la forma de vida secular. Hay un camino espiritual y formativo que debe ser compar-

tido, por un lado, y separado, por otro. Esta exigencia no debe ser descuidada. Sin formación, la misión pierde su forma, la espiritualidad también pierde su forma. Por eso, entre todos los interesados deben existir estructuras de formación que fomenten la «misión conjunta o compartida».

• La misión compartida no es discriminatoria ni exclusiva. Cuidado con el peligro de elegir a tus compañeros de misión (laicos o religiosos), excluyendo a otros por cualquier motivo. No somos nosotros quienes llamamos a las personas a esta vocación, sino el Espíritu del Señor. Debemos acoger a los hermanos y hermanas que Dios nos da. La misión compartida respeta la identidad de la vida cristiana de cada persona: no desdibuja la identidad del religioso ni del laico, ni del célibe ni del casado. Esto exige un respeto sensible por el otro, que es diferente a nosotros: respetar sus rutinas, sus procedimientos, la intimidad de las comunidades a las que pertenecen.

• La misión compartida tiene un perfil carismático que hay que cuidar y fomentar. Su finalidad no es trabajar, a la ligera, en cualquier cosa, sino que su experiencia carismática debe contribuir a la misión de la Iglesia y a la vida de la espiritualidad.

• La misión carismática compartida se convertirá cada vez más en una «red» o «redes» que convertirán en realidad y harán tangibles los sueños del Espíritu a través de las personas y familias espirituales fundadoras.

La visión de la «misión compartida» tiene más implicaciones de las que sospechamos. Nos lleva más allá de las barreras expuestas anteriormente, más allá de los «estados de vida cristiana». Los estados de vida cristiana, por ejemplo, el estado religioso, o el estado clerical, se consideraban antes como compartimentos estancos completamente cerrados. Ahora se habla más bien de «formas de vida cristiana» o de «formas estables de vida cristiana»[216]. La forma con mayor estabilidad también está sujeta a procesos de transformación. Esta correlación carismática de formas de vida, amada por el Espíritu, nos está transformando a todos.

4. La necesaria conversión

Y toda transformación requiere una apertura de mente y de corazón, una completa *metanoia* o cambio de mentalidad. Para que esto sea posible, propongo los siguientes pasos:

- Desterrar de nuestras mentes varios malentendidos sobre la identificación de la «misión compartida» con el «trabajo compartido»; aunque la misión implique trabajo, la misión es, sobre todo, un compromiso de cooperación con el Espíritu Santo; este compromiso es, a la vez, pasividad y actividad, contemplación y acción, gratuito y rentable. O la confusión de identificar la misión compartida con el compromiso voluntario de ayudar gratuitamente a las instituciones religiosas, que se apoyan en ella o prescinden de ella según su criterio.
- Entender que los religiosos no somos dueños de un carisma. Por lo tanto, todo lo que tenga que ver con el carisma debe ser discutido en familia. Esta conciencia reconfigurará instituciones como los capítulos generales, las asambleas mayores, nuestros sistemas de formación, las estructuras económicas, las constituciones y los directorios.

---

[216] Cf. José Cristo Rey García Paredes, *Teología de las formas de vida cristiana*, Vol I-II-III, Publicaciones Claretianas, Madrid 1996-1999.

- Pasar de la creencia de que la misión compartida es opcional, a la convicción de que es una necesidad. Por lo tanto, esto significa entrar en una fase de verdadero ecumenismo interno, carismático, sujeto a los procedimientos de diálogo intelectual y de diálogo sobre la vida, que se requiere de todo ecumenismo.
- La misión compartida nace espontáneamente cuando hay conciencia de que somos una familia carismática y evitamos cualquier tipo de separación, enfrentamiento, discriminación, para vivir juntos como hermanos y miembros, gracias al Espíritu. De la comunión de vida surge el deseo de compartir la misión que viene de Dios, y de acordar proyectos y acciones concretas. La misión compartida se convierte, para el instituto religioso, en el camino normal de todo trabajo misionero.

5. Crecer en habilidades de diversidad

Por último, me gustaría terminar con una propuesta sintética inspirada en el libro de Sally Nash titulado *Skills for Collaborative Ministry*[217].

- *Todos estamos hechos a la imagen de Dios:* Debemos tratar de ver y escuchar a Dios en los demás y a través de ellos. Procuremos ver lo bueno de los demás y tengamos una actitud de igualdad, pero reconozcamos también la diferencia; fomentemos muchas voces.
- *Trabajar en un contexto multirreligioso*: da lugar a una menor marginación y abre oportunidades para comprender lo que significa la atención pastoral, espiritual y religiosa en la cultura contemporánea; en este trabajo

---

[217] Cf. SALLY NASH - JO PIMLOTT - PAUL NASH, *Skills for collaborative Ministry*, SPCK, Library of Ministry, London 2011, el capítulo 9, «Growing in diversity skills».

se aprecia cómo la sabiduría corporativa diversa nos beneficia.

- *Una actitud fundamental es la inclusión:* muchas de las experiencias de opresión se basan en la creencia de que unos son superiores a los demás: el racismo, el sexismo, la edad. Hay que celebrar la diversidad, y no lamentarse de ella.
- *No presente, sino conectado*: el papel de los líderes en el ministerio de colaboración debe ser el de asegurarse de que todo el mundo está funcionando bien para que el conjunto funcione mucho mejor cuando la suma de las partes no solo está presente, sino que está conectada.
- *«No estoy loco, no soy solo tú»*: Todos somos diferentes y valorar estas diferencias es fundamental para trabajar con eficacia
- *Sea valiente,* asuma riesgos, tenga tenacidad, perseverancia y paciencia.
- *Imitar y demostrar la imagen y la naturaleza de nuestro Dios trinitario*; en la construcción de la comunidad cumplir con el mandato del ministerio del cuerpo.

V. Misión compartida: lenguaje y modelos

«Misión compartida» es una expresión nueva dentro del lenguaje de la iglesia y de nuestros institutos[218]. Los adjetivos que hemos dado al sustantivo «misión» en los años posconciliares han sido otros: «evangelizadora», salvadora, salvífica, «liberadora», profética, apostólica, eclesial, *ad gentes*, parroquial, popular, urbana, misión laical o de los laicos, carismática, presbiteral, misión de todo el pueblo de Dios, de la Iglesia,

---

[218] *Vita consecrata* en el n. 42 habla de «vida compartida» hablando de la comunidad, pero nunca de «misión compartida».

misión universal, misión educativa, misión específica o peculiar... Solo en estos últimos años hemos comenzado a hablar de «misión compartida». Esta nueva perspectiva no es una mera ocurrencia. Tiene su sentido. Nos preguntamos, entonces, ¿a qué se debe este nuevo adjetivo? ¿Qué hace necesaria esta forma de hablar?

1. Lo que hay detrás del nuevo lenguaje «misión compartida»

El cambio de lenguaje conlleva casi siempre un cambio de vida y de forma de actuar. Wittgenstein entendía el lenguaje como actividad, quehacer en el mundo, forma de vida. La lengua es inseparable de la vida, del quehacer. Por eso, nuestros pueblos inventan palabras, expresiones que respondan a lo que vivimos o hacemos. Por eso, hablamos de «lenguas vivas». Al mismo tiempo, el cambio de lenguaje fuerza al cambio de vida y de actividad; por eso, sabemos que, para obtener cambios en la iglesia, en la sociedad hemos de maniobrar en el lenguaje. La expresión «misión compartida» no es por tanto una forma inocente de hablar. Lleva dentro de sí misma un cambio y un deseo profundo de cambio. Con esa expresión se rechaza el individualismo misionero y se introduce el «compartir» como elemento esencial de la misión.

2. Dos modos de entender la «misión compartida»: el católico y el carismático

Hablar de «misión compartida» requiere hablar de algo previo: «vida compartida». En la iglesia actual utilizamos mucho la palabra vida: «vida religiosa o consagrada», «vida cristiana», «formas de vida». Bien podemos decir que la iglesia de hoy quiere ser una «biocenosis», una comunidad de vivientes.

a) En modo católico

Jesús se definió a sí mismo como «la Vida» y nos invitó a vivir y con-vivir en Él. La comunión de vida es el gran presupuesto de la comunión misionera. Seguir a Jesús es «entrar en la vida». ¡Esta es la raíz de la misión compartida! ¡La vida compartida! La Iglesia es un organismo, un cuerpo, en el que nadie puede vivir para sí mismo ni por sí mismo. Solo la comunidad de vida nos hace vivir en plenitud, con todos los resortes necesarios para tener vida abundante.

Hoy somos más conscientes —respecto al pasado— que no se vive la existencia cristiana en compartimentos estancos, en estados de vida cristiana bien delimitados y separados; al contrario, la eclesiología de la comunión nos pide el mutuo reconocimiento y la mutua relación para descubrir no solo las otras formas de vida, sino para encontrar la auténtica identidad de nuestro peculiar don.

La eclesiología de comunión nos pide hacer de la vivencia de la fe una auténtica con-vivencia, de la vocación una auténtica con-vocación, de la espiritualidad una auténtica espiritualidad común, del sacerdocio un sacerdocio común, de la misión, una misión compartida. A este primer modelo de misión compartida podríamos denominarlo «católico». Utilizo esta denominación en su sentido más propio: es la misión realizada «según todo», «según la totalidad», contando con todas las formas de vida cristiana, con todas las confesiones cristianas, con todo el pueblo de Dios.

b) En modo carismático

Hay otro modo de entender la misión compartida. Es el modo «carismático». En nuestros institutos hablamos desde hace algunos años del carisma compartido y en consecuencia de la misión compartida. Hemos descubierto que nuestros carismas congregacionales pueden ser compartidos con otras personas. Que hay personas —que no pertenecen a la vida consagrada— que se sienten llamadas a seguir nuestros modelos de espiritualidad y de apostolado. Por eso, creemos que el carisma no nos pertenece a los religiosos en exclusividad y que hemos de compartirlo con hermanas y hermanos pertenecientes a otras formas de vida cristiana.

c) La co-participación como ideal

Aunque el lenguaje que estamos introduciendo nos habla de compartir la vida y la misión desde claves de igualdad de dignidad y de auténtica sororidad y fraternidad, sin embargo, el compartir es más un objetivo que una realidad, un sueño que una práctica común:

- A veces, los seglares o laicos quedan reducidos tanto en la misión católica como carismática, a meros coadjutores o ayudantes, pero no son acogidos como auténticos co-sujetos del carisma, de la vida y de la misión;
- Otras veces los seglares o laicos son llamados a colaborar, como auténticos compañeros y compañeras; dialogamos, proyectamos, realizamos los proyectos conjuntamente; pero los presbíteros dirigentes (en el modelo católico) o el instituto (en el modelo carismático) nos reservamos el derecho a diseñar la línea que hay que seguir: ellos son los responsables, institucionales y económicos, de todo; los laicos son colaboradores, pero no tienen ningún «derecho de propiedad» sobre la misión;
- El ideal sería la *co-participación*: desde la perspectiva del modelo católico, se reconoce que en base a nuestro común bautismo-confirmación, todos somos sujetos de la vida y misión de la iglesia, dotados de la misma

dignidad y responsabilidad; por lo tanto, nadie puede monopolizar la misión; todos somos sujetos de ella, si bien, cada uno desde su propio carisma y ministerio. Desde el modelo carismático, se reconoce también que el don carismático del Instituto ha sido concedido a otros creyentes que no pertenecen a la vida religiosa, a hombres y mujeres de la forma de vida seglar y laical; desde ese planteamiento común —compartir el mismo carisma— se dan pasos para formar una auténtica familia y compartir la misión carismática en plan de igualdad, de mutua colaboración y referencia.

3. Superando el modelo carismático y eclesio-céntrico de la «misión compartida»

Quiero hablar, sin embargo, de la «misión compartida», en un sentido más radical. La misión es mucho más que la «misión carismática» y más que la «misión eclesial». La misión, así entendida nos supera a todos. Nadie tiene el monopolio de ella. Por lo tanto, nadie se puede arrogar a sí mismo el poder de autorizar a otro a «compartir la misión». Todos la comparten en clave de igualdad, pero desde funciones y carismas diferentes.

a) Más allá del modelo carismático: misión eclesial compartida

Para el modelo católico la misión no es monopolio de ningún grupo en la iglesia. Se rige por el principio conciliar: «Hay en la Iglesia unidad de misión, pero también pluralidad de ministerios (*Est in Ecclesia unitas missionis, pluralitas autem ministerio*)», *Apostolicam actuositatem*, n. 2.

Si en la iglesia la misión es una sola y lo que es plural son los servicios y ministerios a través de los cuales, la misión se realiza en cada tiempo y lugar, entonces no podemos ni debemos hablar de misión compartida en sentido carismático, sino solo en sentido católico.

Por lo tanto, es inadecuado hablar de la misión que llevan adelante los agustinos, o los carmelitas, o los presbíteros diocesanos, o los obispos, o las religiosas de clausura, o los laicos comprometidos. La misión es una sola. La llevamos adelante todos, todos los bautizados, todas las iglesias particulares, la iglesia universal. Jesús no nos confió diversas misiones. El Señor Resucitado nos confió una sola misión, una gran Misión, en la que habríamos de participar todos los que creamos en Él a través de los siglos y de los espacios.

Por lo tanto, que nadie, ni persona, ni grupo, hable de «su» misión. Lo único de lo que está autorizado a hablar con verdad es de su forma peculiar de colaborar y servir a la única misión de la Iglesia. Y, para que esto sea así, se hace necesario integrarse en el cuerpo eclesial, compartir con todos la única misión. Cada creyente, cada grupo, aporta su propio don, su peculiar servicio, sus carismas y ministerios. Es claro, por lo tanto, que la «misión compartida» no tiene un predeterminado color carismático: no es jesuítica, ni salesiana, ni claretiana. Ese tono carismático puede estar dentro, pero diluido con otros tonos. Nadie puede imponer una identidad carismática. Diríamos que ahí la misión tiene una identidad carismática «compleja», no única.

b) Más allá del modelo católico: misión ecuménica, misión del reino de Dios

Podríamos dar un paso más adelante y preguntarnos: *¿tiene la iglesia católica el monopolio de la misión?* Esta pregunta es especialmente importante en los países, en los cuales el panorama religioso es bastante plural. La única misión nos confronta ineludiblemente con nuestra relación con las diferentes confesiones cristianas (ecumenismo) o las diversas religiones o creencias (diálogo interreligioso). Con toda verdad, debemos decir, afirmar, que la «misión» no se identifica solo con la misión de la iglesia católica. Entendernos y sentirnos como «hermanos» los miembros de todas las confesiones cristianas y de las diversas religiones es un gran paso hacia la comprensión de la Misión. La única misión de la Iglesia no es ecuménica, sino que debe partir del ecumenismo: «que sean uno para que el mundo crea».

Hay teólogos —hombres y mujeres— para quienes la misión supera los límites de las iglesias, y abarca toda la extensión del reino de Dios, que Jesús proclamó e inició. En esa misión participan y se sienten llamados a participar todos los hombres y mujeres de buena voluntad. La misión del reino de Dios es única; pero se realiza a través de múltiples servicios y ministerios; es sagrada y secular, escatológica e histórica, trascendente e inmanente. Esta es la misión que Dios confió al ser humano, a los seres humanos, en la creación del mundo. Esta es la misión relanzada por Jesús de Nazaret, el Hijo del Dios creador, al inaugurar el Reino y al morir en sacrificio por la llegada e instauración del Reino y enviar el Espíritu a la tierra, a toda la tierra, a toda carne.

Hay una gran misión que lleva la humanidad en cada etapa de su historia que es auténtica *missio Dei*. Lo dijo Jesús: «sin que sepáis cómo, el reino de Dios sigue creciendo», como la semilla plantada en tierra. El Espíritu del Señor llena la tierra y mueve a los seres humanos que no le oponen resistencia. La capacidad creadora de los seres humanos, que lleva adelante el proyecto, el diseño originario de la creación, es la energía que realiza la misión. Misión del ser humano (vida matrimonial y familiar) es la generación de nuevos seres humanos, o la reproducción. Misión del ser humano es la producción y cultivo y desarrollo de los bienes que hemos recibido (vida laical y secular en todas sus formas). Misión del ser humano es hacer la tierra habitable, la comunidad humana justa, crear auténticos ámbitos de vida, favorecer siempre la vida. Misión del ser humano es velar por la integridad de la vida, por el sentido último de la vida. Hay grupos humanos especialmente dedicados a cultivar las tres dimensiones de la vida: la circular en torno a un núcleo (interioridad), la horizontal en torno a nuevos objetivos y núcleos (exterioridad creadora) y vertical (trascendencia religiosa). Este servicio a la vida es realizado por las diferentes formas de vida humana, religiosa y cristiana.

Si esto es así ¿tiene la iglesia o las iglesias el monopolio de la misión? ¿No es la misión algo mucho más fundante y amplio? ¿No será el movimiento de los pueblos, de los grupos proféticos de cualquier tipo, hacia el reino de Dios, tal como Michael Amaladoss lo describe? «Misión compartida» significa, entonces, participar del movimiento de los pueblos hacia el reino de Dios y colaborar con hombres y mujeres de buena voluntad —desde el propio don— en todo aquello que sea necesario para acelerar el movimiento o sostenerlo.

VI. Reflexión conclusiva

Una conclusión importante de este capítulo es que el ministerio de la Iglesia es intrínsecamente colaborativo si encarna la *missio Dei* en el mundo tanto en su momento originario (la creación de Dios) como en el redentor (el reino de Dios iniciado y proclamado por Jesús y el envío del Espíritu Santo). Lo que esto significa en la práctica es que ni los ministerios ordenados ni los otros ministerios eclesiales o formas de vida consagrada pueden ser lo que son sin relaciones mutuas.

El ministerio como actividad de colaboración y coordinación de la Iglesia de Jesucristo es una condición para que sea un ministerio ordenado según el Evangelio.

Quien se entrega a la misión compartida, no pierde nada. Lo gana todo. Crecerá más allá de sí mismo. Así es como la Iglesia es «el cuerpo de Cristo» en «crecimiento perenne» (*Mutuae relationes*). Así se construye la «eclesiología de comunión misionera». Las formas de vida cristiana, los ministerios, los carismas o las potencias carismáticas aprenderán el arte de la reciprocidad, de la influencia mutua. El ministro ordenado no suprime, ni apaga, ni se impone unilateralmente, sino que se convierte en un punto de mediación, de sinergia, uniendo a todos, para que nada se pierda. Del mismo modo, cada uno busca unirse al Cuerpo de Cristo para no ser un «sarmiento» que se seca y arde en el fuego de la destrucción.

Si recordamos que la categoría de comunión (y participación) es clave para entender *Lumen gentium*, y que la categoría de servicio (y misión) es clave para entender *Gaudium et spes*, hoy podemos decir que la mayor novedad del Concilio es presentar una Iglesia de *comunión misionera*. La comunión eclesial es comunión misionera, lo que significa que es una Iglesia que, al configurar su identidad y su misión, su ser y su finalidad, debe mirar continuamente al mundo y a su historia. En *Christifideles laici*, n. 32, san Juan Pablo II utilizó el término «comunión misionera» para describir la identidad y la misión de la Iglesia como comunión.

La misión compartida está siempre abierta a nuevas inclusiones, ya sea de género, raza, cultura o denominación... Situarnos en el ámbito clave de la «misión compartida» es propio de una Iglesia «católica», en el verdadero sentido etimológico de la palabra: la Iglesia «de acuerdo con todos». La misión católica no es simplemente lo que surge de «nuestra propia perspectiva», de la parcialidad, de una visión unilateral.

Aquí es donde la misión de la Iglesia se conecta con la misión compartida de la humanidad. Los niveles inferiores se corresponden con los superiores, la *missio Dei* conecta con la *missio humanitatis*.

La misión no es solo un don que la comunidad cristiana hace a la humanidad, sino un don que Dios nos hace a todos cuando entramos en una relación mutua, en la *missio inter gentes* y cuando soñamos con el «trans», todavía difícil de describir, pero que ya está a la vista.

Capítulo 9:
Espiritualidad compartida
con otras formas de vida

«Debido a las nuevas situaciones, no pocos Institutos han llegado a la convicción de que su carisma puede ser compartido con los laicos. Estos son invitados por tanto a participar de manera más intensa en la espiritualidad y en la misión del Instituto mismo. Se puede decir que se ha comenzado un nuevo capítulo, rico de esperanza, en la historia de las relaciones entre las personas consagradas y el laicado» (*Vita consecrata*, n. 54).

En estos últimos años la vida religiosa está siendo testigo de un fenómeno particular: grupos de laicos se aproximan a los institutos de vida consagrada confesando abiertamente que sienten su «espíritu carismático» como propio, que desean adherirse a su corriente espiritual y compartir su carisma y espiritualidad. No quieren dejar de ser lo que son. Pero lo quieren ser «con la vida consagrada». Sin pretenderlo, ni percatarse, la vida consagrada ejerce una fuerza de atracción: personas, que no han recorrido el mismo camino vocacional y formativo piden acceso y espacio en la tienda de la vida consagrada. Se hace necesario ensancharla.

Alguien, tal vez, sospeche que detrás de esta tendencia se oculte una vana estrategia de sobrevivencia, en tiempos de escasez vocacional; lo que la vida consagrada no ha sido capaz de conseguir lo desearía conseguir por la vía de una adhesión «a medias» con la «asociación de laicos».

No obstante, cualquier suposición, lo cierto es que este acercamiento espiritual entre religiosos y laicos en el contexto de un mismo carisma y espiritualidad es un auténtico impulso del Espíritu en nuestro tiempo. Estamos redescubriendo una nueva forma de ser. Nos adviene una refundación no planeada, y por eso, más auténtica.

El fenómeno de la asociación apostólica, carismática y espiritual está ahí, llamando cada día a nuestras puertas. Queremos acogerlo con discernimiento y deseamos responder a los desafíos que nos presenta. La expansión del espíritu carismático es imprevisible, sorprendente y en cierta manera incontrolable. Y entonces nos ocurre algo parecido a lo que Simón Pedro experimentó cuando vio que el Espíritu Santo se había derramado «sorprendentemente» sobre los gentiles en la casa de Cornelio (Hch 11,44-48).

«Estaba Pedro diciendo estas cosas cuando el Espíritu Santo cayó sobre todos los que escuchaban la Palabra. Y los fieles circuncisos que habían venido con Pedro quedaron atónitos al ver que el don del Espíritu Santo había sido derramado también sobre los gentiles, pues los oían hablar en lenguas y glorificar a Dios. Entonces Pedro dijo: "¿Acaso puede alguno negar el agua del bautismo a estos que han recibido el Espíritu Santo como nosotros?" Y mandó que fueran bautizados en el nombre de Jesucristo».

¡Este es el fenómeno! El espíritu carismático que nos ha sido dado recae sobre personas que, sin pertenecer estrictamente a nuestras congregaciones o institutos, sienten a nuestros fundadores —y a nosotros mismos— como suyos, asumen nuestro estilo como propio, se implican en nuestros ministerios con pasión apostólica, intentan enlazar su vida con la nuestra. El don carismático ha sido derramado también sobre ellos. Y entonces nos surge la pregunta: «¿Acaso puede alguno negar el reconocimiento y la acogida a quienes han recibido el Espíritu como nosotros?». Pedro mandó que los gentiles fueran bautizados. Nuestros institutos se preguntan qué hacer; muchos de ellos ya han dado pasos muy serios de incorporación del laicado a su propio acontecer carismático y espiritual.

En este capítulo deseo reflexionar sobre el fenómeno de la asociación carismática desde la perspectiva de la espiritualidad. Hablaré, en primer lugar, de la nueva conciencia (espiritualidad en la vida consagrada). Después hablaré sobe la nueva perspectiva (espiritualidad carismática propia y compartible). Finalmente, sobre la nueva praxis: caminando juntos —laicos y consagrados— hacia adelante[219].

I. Espiritualidad en la vida consagrada: nueva conciencia

1. Irradiante y contagiosa

La espiritualidad es difusiva. El espíritu no está delimitado por una piel. Llega a nosotros como energía sin contornos, como fuerza constantemente transformada y transformado-

---

[219] Debo decir que las reflexiones que voy a presentar tienen su fundamento y su razón de ser en la obra a la que dediqué los diez últimos años: *Teología de las formas de vida cristiana, 3 vol.,* publicados en la editorial Publicaciones Claretianas. Estos tres volúmenes intentan presentar la historia y la razón de ser de cada una de las formas de vida cristiana. Solo conociendo y valorando las diversas formas de vida podemos entrar en el mágico juego de la «correlación», o del «intercambio de bienes». No basta el hecho. Es necesaria la mutua información para llegar a la mutua formación y espiritualidad.

ra. El espíritu es, por eso, representado con las imágenes del agua, del fuego, del aire...

Los grupos o comunidades movidos por el Espíritu de Dios tienen la configuración de una llamarada, siempre relampagueante, amenazadora y deseosa de encender otras realidades. Quienes están movidos por el Espíritu son como el agua torrencial, que no solamente se contenta con su cauce, sino que jugueteando se desborda por otros caminos o penetra y humedece todo lo que toca. Así es la espiritualidad... ¡difusiva! ¡enorme y obstinadamente difusiva!

Los límites estables, el lenguaje de los elementos esenciales, no le va a la espiritualidad. Ella está siempre en ebullición. Es fuego. Quienes se dejan llevar o encender por el Espíritu tienen dentro de sí un programa de actualización constante, como aquel que llevaba el samaritano compasivo de la parábola. Una espiritualidad auténtica es libertad interior, creatividad incesante, conexión múltiple. Aquí está la razón de porqué un carisma-espiritualidad es fácilmente «conectable» y puede instalarse en el programa de diferentes formas de vida cristiana.

2. Caer en la cuenta de que somos «seres espirituales»

«Gran parte de los seres humanos viven sin darse cuenta de que ellos son seres espirituales» (Søren Kierkegaard).

Solo una persona con ojos puede ver los colores. Solo una persona con oídos puede disfrutar de la música. Solo una persona con espiritualidad, con una visión espiritual despierta, puede ver todo el universo y todas las cosas en él como un juego divino. El hombre o la mujer espiritual no son los que cierran los ojos a la realidad. Son aquellos que disponen de una mejor graduación para ver hasta el detalle más bello. El hombre o la mujer espiritual tienen una sensibilidad especial. Perciben en nuestro mundo un aura de misterio, que les resulta encantadora, electrizante. Por eso, viven en paz, sonríen, son personas bellas, equilibradas. Disfrutan, aman, entienden, saben, saborean. El toque de su mano «a vida eterna sabe». El Espíritu enciende todos los sentidos. No los apaga.

El hombre o la mujer espiritual habitan su propio corazón. Viven desde él. Carl Jung decía:

«Tu visión será más clara cuando mires a tu corazón. Quien mira fuera, sueña. Quien mira dentro, se despierta».

La espiritualidad está dentro, pero hay que despertarla. La espiritualidad está en el corazón, en esa realidad simbólica que desde hace siglos denominamos «corazón». Es el territorio del amor, de las intuiciones, de la profundidad, de las soledades más hondas.

¿Y qué descubrimos en nuestro interior, en nuestro corazón espiritual? Que hemos sido agraciados con un «fondo sin fondo». Que lo espiritual que nos habita no ha surgido por generación; que no es fruto —sin más— de la evolución de las especies vivientes, ni resultado de la organización compleja de la materia. Siguiendo la huella de nuestro espíritu —como si de una corriente misteriosa se tratara— llegamos a la profundidad de nuestro ser («Tiefe des Seins», Paul Tillich), que nos trasciende por todas partes; esa es la realidad previa a nosotros mismos, la realidad fundante; ahí descubrimos que somos hijos o hijas del Misterio; «nacidos de Dios» y desde Dios nacidos como realidad corporal en este mundo.

Pero también ahí nos descubrimos «en red»: no unigénitos, sino hijos e hijas en plural. Nosotros, los cristianos, nos reconocemos «hijos en el Hijo». Jesús y su Espíritu nos dan la clave para vivir en red fraterna y filial. En esa raíz única y compartida todos nos sentimos uno y llamados a la unidad, aunque exteriormente seamos diferentes. Tenemos raíces comunes que fundamentan nuestra fraternidad y sororidad globales y también nuestra llamada a cuidar de nuestra familia y nuestros hermanos.

Nacemos del espíritu y nuestro cuerpo es espíritu en estado de expresión, de encarnación, de relación y comunión. Lo expresó muy bien Teilhard de Chardin al decir:

«No somos seres humanos que tienen una experiencia espiritual. Somo seres espirituales que tenemos una experiencia humana».

La auténtica interioridad no nos aleja de la exterioridad, sino que nos conecta con las raíces de toda exterioridad. Deng Ming-Dao dijo: «Una vez que tú has contemplado el rostro de Dios, tú descubres el mismo rostro en toda persona que encuentras». El camino de la espiritualidad comienza descubriendo nuestro propio territorio. Investigando nuestros rincones, hasta llegar a nuestro más profundo centro, o a sus límites últimos.

También descubrimos en nuestro corazón la presencia misteriosa del mal: nuestro pecado con sus siete cabezas. El corazón se muestra débil, inconsecuente, propenso a la malicia y a la esclavitud. Necesita purificación, redención. La espiritualidad cristiana afirma que esa redención del espíritu humano no es simplemente auto-redención. Reconoce que la profundidad del mal es tal, que ningún ser humano es capaz de arrancarla de si mismo. Jesús y su Espíritu son la única fuerza capaz de llegar hasta lo más profundo y sanarlo. Pero la pregunta que nos surge es ésta: ¿cómo aceptar en nosotros la redención? ¿En qué consiste nuestra implicación personal? La redención, que viene de Dios, activa nuestra capacidad, nuestros dinamismos interiores, nuestra colaboración. Por eso, un camino espiritual cristiano no excluye, en manera alguna, las prácticas espirituales que nos hacen colaborar responsablemente en él.

Por lo tanto, bien podemos sintetizar esta reflexión diciendo que la espiritualidad cristiana es, ante todo, gracia de revelación. Ilumina los caminos del espíritu. Tiene su paradigma total en Jesús, el Hijo de Dios, la revelación última y definitiva de Dios. Jesús es la unión perfecta de los dos polos, la síntesis de toda la realidad. En Jesús todo lo humano, lo cósmico, lo creado, se vuelve transparente y dúctil al Misterio Trinitario. La espiritualidad cristiana es espiritualidad de redención. No es un mero intento de auto-purificación, de autosuperación, es, ante todo, un camino de apertura a la gracia, de progresivo apoderamiento del Espíritu de Dios sobre un espíritu que se deja hacer.

II. Espiritualidad carismática propia y compartible: Nueva perspectiva

La vida religiosa o consagrada está toda ella configurada —desde sus orígenes monásticos hasta hoy— como ecosistema de espiritualidad. Su razón de ser es «re-ligar», llenar la vida de conexiones con el Misterio que nos envuelve. A lo largo de nuestra historia hemos descubierto formas muy variadas de conexión religiosa. Nos han sorprendido, los pioneros de nuestras formas de vida al descubrir conexiones con Dios en la soledad y en la compañía, en el desierto y en las calles, en el silencio y en el ruido, en la comunidad eclesial y en el pueblo de los pobres.

Desde el amanecer hasta la noche nuestra vida está configurada como «encuentro», vida en la presencia, presencia de la Vida. Es bellísimo descubrir el variado panorama de experiencias religiosas que caracterizan a los diversos grupos de vida religiosa. Me impresionó —hace no mucho tiempo— una comunidad-congregación de misioneros que centran su espiritualidad en el Jesús traspasado. Orar con ellos, pensar con ellos la vida apostólica, era sentir en cada momento esa clave. A partir de entonces, la contemplación del Crucificado me lleva a su costado traspasado y todo lo que en él se simboliza. Cada instituto de vida religiosa tiene su don, su encanto.

1. Visión y vivencia, partitura y orquesta

Cuando hablamos de la espiritualidad de nuestro instituto, nos referirnos a dos cosas: a la visión objetiva y a la vivencia concreta y existencial. En el primer caso, nos sentimos agraciados con una visión espiritual que nos entusiasma y atrae. En el segundo la interpretamos en nuestra vida y según nuestras culturas y condiciones.

Cuando entendemos la *espiritualidad como visión*, la describimos a partir de elementos teóricos (*theos-orao*). A cada uno se nos ha dado una peculiar comprensión o visión del misterio de Dios y de este misterio en Jesús, nuestro Señor. Cada uno de nuestros institutos hace su peculiar lectura cristológica, tiene una peculiar sensibilidad religiosa y antropológica. Solemos decir entonces que nuestra espiritualidad es cristocéntrica, o trinitaria, eucarística o mariana, encarnada o contemplativa, etc. Forma también parte de nuestra visión una peculiar propuesta metodológica para el camino espiritual y con ella unas prácticas normativas. Bastantes institutos, en sus capítulos de renovación, han diseñado la visión que está a la base de su espiritualidad.

La visión ha quedado plasmada en diversas prácticas espirituales y formativas. Estas quedan debidamente establecidas en diversos niveles (personal y colectivo), en diversos ritmos (diario, semanal, mensual, anual). Lo establecido o regulado es algo así como un común denominador mínimo. Se establece, por ejemplo, que para ser un religioso, se requiere tener una hora de oración diaria, celebrar la liturgia de las horas, la eucaristía, el retiro, los ejercicios espirituales. Ese ritmo de espiritualidad sería lo mínimo exigible.

No nos basta la visión —o como a veces se dice, demasiado simplísticamente—, los «bellos documentos». La visión y los bellos documentos son un paso decisivo. Ellas contienen la partitura de nuestra espiritualidad. Cuando Beethoven ofreció a una orquesta su *Novena sinfonía*, agració a toda la humanidad. La cuestión siguiente era cómo «interpretarla». ¡La partitura quedaba en manos de la orquesta! Eso son los bellos documentos sobre nuestra espiritualidad. Por eso, también la espiritualidad es *vivencia orquestal, congregacional.*

Esa es la responsabilidad que recae sobre las actuales generaciones que formamos la vida religiosa. ¿Estamos interpretando y viviendo adecuadamente la partitura que se nos ha ofrecido? ¿La convertimos en regalo para el mundo, para la iglesia, para quienes están junto a nosotros? Se percibe una profunda desazón cuando nuestras comunidades, que son lo que son, no aparecen en la sociedad como «presencias transformadoras», como instancias que dan sentido a las grandes preguntas del ser humano. O al contrario, una profunda alegría y satisfacción, cuando en nosotros hay fuego que nos enciende y a otros abrasa, cuando nuestra vida resulta significativa y pacificadora.

Nos complacemos en una espiritualidad que enreda, fascina, seduce, implica. Su densidad no es igual en todas las personas o grupos, como no es la misma la intensidad del fuego en todo aquello que arde. Hay puntos nodales o especialmente irradiantes, desde los cuales la espiritualidad se extiende y comparte. Hay prácticas que la expresan y la reavivan. Crean un nuevo estilo.

2. Necesidad de nuevas prácticas espirituales

En principio, hablar de «prácticas» es no solo bueno, sino excelente. El camino espiritual solo acontece cuando es conducido por prácticas adecuadas. Lo cuestionable, sin embargo, es si las prácticas que caracterizan el camino espiritual de la vida consagrada en la actualidad son las más aptas para el camino en nuestro tiempo. Damos mucha importancia a la asistencia a los actos de oración comunitarios. Pero ¿nos preguntamos en qué medida esas prácticas encienden la fe de la comunidad y la convierten en una presencia transformadora en la sociedad y en la iglesia?

El modelo occidental de oración está atiborrado de cosas que hay que hacer. La austeridad litúrgica o monástica ha sido poco a poco reemplazada por un neobarroquismo en cual prevalece la cantidad sobre la calidad, la superficialidad sobre la profundidad. Nuestra vieja vida religiosa está ya de vuelta de muchas prácticas espirituales que han demostrado su ineficacia. Respiramos cuando se nos dejan espacios para la contemplación, para saborear, para sentir, para trascender... Preferimos centrarnos en un único salmo, a rezar cinco, una breve lectura a largos textos que provocan nuestra distracción; nos interesa más sentir y vivir que cumplir. En nuestra visita a la Exposición de la Palabra, preferimos detenernos en un cuadro, en una sala, a recorrer rápidamente todas las salas con una sensación final de cansancio y de superficialidad.

Las prácticas que hoy necesitamos —¡no para justificar nuestra espiritualidad, sino para abrirnos a ella!— tienen mucho que ver con una reconstrucción espiritual de nuestra persona. Necesitamos métodos adecuados y guías. Tengo la impresión de que en este camino, somos como ovejas sin pastor. Pocos pastores o pastoras son guías espirituales.

Un instituto de vida consagrada no es «espiritual» por el mero hecho de que la mayoría de sus miembros se ejerciten en las prácticas de vida espiritual, que se han propuesto a sí mismos en el proceso de renovación. La cuestión fundamental es: ¿qué se entiende en nuestro instituto por espiritualidad? ¿qué meta de vida espiritual se propone? ¿qué camino de espiritualidad ofrece a sus miembros? Solo, desde aquí, es posible, hablar de la «espiritualidad compartida».

3. Espiritualidad de comunión

Ninguna forma de espiritualidad —consagrada o laical— es autosuficiente. Ninguna es más perfecta que las demás[220]. Todas ellas tienden hacia la perfección y se correlacionan entre sí. Consiguen su perfección en la mutua correlación. Lo perfecto es la totalidad, no la parcialidad; la armonía orquestal o polifónica y no cada una de las voces.

Se tienden a definir las espiritualidades propias a partir de sus elementos diferenciales. Es lo que en otros tiempos se

---

[220] «Todos en la Iglesia, precisamente por ser miembros de ella, reciben y, por tanto, comparten la común vocación a la santidad. Los fieles laicos están llamados a pleno título, a esta común vocación, sin ninguna diferencia respecto de los demás miembros de la iglesia», JUAN PABLO II, *Christifideles laici,* n. 16.

llamaba principio de individuación. Pero esto no basta. También es necesario describir la identidad de la coincidencia, de la relación.

La existencia cristiana, tal como se describe en el nuevo testamento es, ante todo, vivir «en relación», establecer relaciones con los demás. El acontecimiento del reino de Dios tiene que ver con modelos de comunión. El amor es la fuente de las relaciones en la comunidad cristiana y en la misión. El amor genera relaciones para la con-vivencia y para el servicio mutuo. Vivir en el Espíritu es «relación» o «relacionarse». La espiritualidad nos interrelaciona, nos en-reda a unos con otros. Cuando la vida religiosa comparte su espiritualidad con los laicos o con los ministros ordenados seculares, se abre a una espiritualidad mayor, a la espiritualidad abierta del cuerpo de Cristo. Cada comunidad eclesial, cada grupo está llamado a regalar toda su riqueza a los demás, teniendo como perspectiva la edificación del único cuerpo de Cristo.

Todos formamos el cuerpo de Cristo Jesús. Somos miembros los unos de los otros. La espiritualidad sin relación a los demás es una espiritualidad desmembrada. Solo en la correlación, en la circularidad, en el intercambio de dones, la espiritualidad llega a su plenitud. Nadie representa del todo el misterio de Cristo. Por eso, la comunión espiritual y la búsqueda de comunión espiritual no es una concesión, es una necesidad.

La afirmación de las relaciones para el crecimiento espiritual, la afirmación de la vivencia en red no es para quedar enredados, sino para entrar en la relación más plena con Cristo Jesús. Es la relación para la gran Relación.

4. El gran paso de «Vita consecrata»

Algo auténticamente nuevo en el magisterio de la Iglesia y que supone —a mi modo de ver— un gran paso adelante es reconocer que el carisma y espiritualidad de un instituto de vida consagrada pueden ser compartidos con los laicos[221]. Lo hace la exhortación apostólica *Vita consecrata* en sus números 54 al 56. Reconoce su novedad y lo considera como «un nuevo capítulo, rico de esperanza, en la historia de las relaciones entre las personas consagradas y el laicado»[222].

Constata el *hecho* de que tanto los institutos monásticos y contemplativos como los institutos comprometidos en la dimensión apostólica o los institutos seculares, mantienen relaciones de vinculación espiritual y pastoral con los laicos.

Como *fundamento* alude a la eclesiología de comunión que ha llevado a:

«aunar esfuerzos, en actitud de colaboración e intercambio de dones, con el fin de participar más eficazmente en la misión eclesial... con la aportación coral de los diferentes dones»[223].

Como *motivación* para estimular las mutuas relaciones en la espiritualidad el magisterio señala las siguientes razones:

• Primera: porque les permite a los institutos una «irradiación activa de ella más allá de sus fronteras» y les

---

[221] «Estos son invitados por tanto a participar de manera más intensa en la espiritualidad y en la misión del Instituto mismo», JUAN PABLO II, *Vita consecrata,* n. 54.

[222] «En continuidad con las experiencias históricas de las diversas órdenes seculares o terceras órdenes, se puede decir que se ha comenzado un nuevo capítulo, rico de esperanza, en la historia de las relaciones entre las personas consagradas y el laicado», JUAN PABLO II, *Vita consecrata,* n. 54.

[223] JUAN PABLO II, *Vita consecrata,* n. 54.

hace contar «con nuevas energías que aseguran a la Iglesia la continuidad de algunas de sus formas más típicas de servicio» (VC 55).

- Segunda: porque sirve para aunar esfuerzos (laicos y consagrados) en la misión.
- Tercera: porque les permite a los laicos introducirse «en la experiencia directa del espíritu de los consejos evangélicos» y los anima «a vivir y testimoniar el espíritu de las Bienaventuranzas para transformar el mundo según el corazón de Dios» (VC 55).
- Cuarta: porque los laicos ayudan «a descubrir inesperadas y fecundas implicaciones de algunos aspectos del carisma, suscitando una interpretación más espiritual, e impulsando a encontrar válidas indicaciones para nuevos dinamismos apostólicos» (VC 55).
- Quinta: Porque las personas consagradas pueden y deben ser, ante todo, «guías expertos de vida espiritual» y para ello deben cultivar «el talento más precioso: el espíritu» (VC 55).
- Sexta: porque los laicos ofrecen a las familias religiosas la rica aportación de su secularidad y de su servicio específico (VC 55).

Un caso más particular e intenso de *mutua relatio* es presentado en el número 56 de *Vita consecrata*. Se habla ahí de la participación laical en la riqueza de la vida consagrada de los institutos bajo diversas fórmulas: «la fórmula de miembros asociados» o, o la fórmula de pertenencia limitada a la vida comunitaria, o a la contemplación, o al apostolado del instituto «durante un cierto tiempo». Únicamente se mantienen ciertas reservas, que intentan defender por una parte la condición propia de la vida consagrada y por otra la condición propia de la vida laical (para no convertir a los laicos en cuasi-religiosos o a los religiosos en cuasi-laicos). Se apuntan las siguientes reservas:

- «que no sufra daño alguno la identidad del Instituto en su vida interna» (VC 56);
- que se cuide la formación del voluntariado de modo que «tengan siempre, además de competencia, profundas motivaciones sobrenaturales en su propósito y un vivo sentido comunitario y eclesial en sus proyectos» (VC 56);
- que las iniciativas en las que los laicos están implicados con capacidad de decisión se atengan a los fines propios del Instituto y sean realizadas bajo su responsabilidad... por tanto, si los laicos se hacen cargo de la dirección, estos responderán de la misma a los superiores y superioras competentes. Es conveniente que todo esto sea considerado y regulado por normas específicas de cada instituto, aprobadas por la autoridad superior, en las cuales se prevean las competencias respectivas[224].

Este marco de *mutua relatio* permite recuperar de una forma nueva a quienes estuvieron en nuestros institutos y por diferentes razones hubieron de dejarlo, pero mantienen la adhesión carismática y espiritual. También nos abre a la «hospitalidad espiritual», de modo que algunos laicos pudieran vivir junto a nosotros durante un tiempo —como ocurre de hecho en los monasterios budistas— y no solamente por razones de búsqueda vocacional, sino de experiencia espiritual.

Una perspectiva diferente ofrece la exhortación en la segunda parte del n. 56 cuando habla de la pertenencia de las personas consagradas a otros movimientos de espiritualidad dentro de la Iglesia: «En estos años no pocas personas con-

---

[224] VC 56.

sagradas han entrado a formar parte de alguno de los movimientos eclesiales surgidos en nuestro tiempo»[225]. Reconoce su ambivalencia: «con frecuencia los interesados se benefician especialmente en lo que se refiere a la renovación espiritual. Sin embargo, no se puede negar que en algunos casos esto crea malestar y desorientación a nivel personal y comunitario, sobre todo cuando tales experiencias entran en conflicto con las exigencias de la vida comunitaria y de la espiritualidad del propio Instituto. Es necesario por tanto poner mucho cuidado en que la adhesión a los movimientos eclesiales se efectúe siempre respetando el carisma y la disciplina del propio instituto, con el consentimiento de los superiores y de las superioras, y con disponibilidad para aceptar sus decisiones»[226].

III. Caminando «juntos» hacia delante: nueva praxis

La historia nos muestra que la relación entre personas consagradas y laicos no ha sido muy equilibrada. El intercambio de dones ha funcionado entre nosotros, pero se ha estructurado frecuentemente bajo este esquema: nosotros ofrecíamos a los fieles laicos nuestros servicios y los fieles laicos nos ofrecían sus recursos económicos (los bienhechores). Las relaciones no estaban determinadas por la igualdad entre todos. Siempre se suponía una superioridad espiritual en nosotros, los pertenecientes a la vida consagrada. Nosotros hemos sido sus educadores, sus evangelizadores, sus maestros, o los hemos atendido en nuestros hospitales.

Hoy descubrimos la riqueza espiritual del laicado. Sabemos que el Espíritu actúa en ellos y ellas de forma intensa y que es ridículo pretender cualquier forma de superioridad

---

[225] VC 56.
[226] VC 56.

espiritual. Nos necesitamos mutuamente. En la correlación renace nuestra identidad y crece y se desarrolla. Rechazamos cualquier modelo de dependencia y optamos por el modelo de correlación. Descubrimos que hay entre nosotros un campo amplio que nos permite compartir la espiritualidad cristiana, humana.

1. Compartir la visión, compartir la vivencia

Cuando hablamos de compartir la espiritualidad nos situamos en el *doble nivel*: visión e interpretación vital o vivencia. Solemos proponer la visión de forma entusiasta. Nos retraemos cuando se trata de exponer nuestras vivencias. Nos percibimos muy pobres en nuestra aportación a la espiritualidad de la iglesia. A veces, también nos sentimos, poco reconocidos.

¡No importa! A la mesa de la espiritualidad compartida no vamos como ricos, sino como pobres; no vamos como saciados, sino como hambrientos, como autosuficientes, sino como necesitados. ¿No es esa la mejor actitud para compartir la espiritualidad y para renacer a ella con otros? Yo creo que hoy es posible un renacimiento espiritual. Pero no acaecerá en lugares aislados y cerrados, sino en la red de un mundo cada vez más globalizado. Nos necesitamos unos a otros. Solo renacemos a la espiritualidad «en red», conectándonos, estando todos *on line*. Pero tampoco, debemos ser catastrofistas. El don espiritual recibido es válido por si mismo: es un tesoro que llevamos en vasijas de barro. Las intuiciones espirituales que dieron origen a nuestros institutos están ahí, para ser reinterpretadas y vividas, para hacernos accesible el camino hacia el Misterio.

Al compartir, la visión y la interpretación existencial cambian. Hay un antes y un después. Ese antes y después es el elemento diferenciador y refundante. Quien se dispone a compartir, que se disponga a cambiar. Porque no se trata de dar al pobre mendigo laico las migajas que caen de la mesa, sino de hacerlo auténtico comensal en la mesa de nuestra espiritualidad. En la auténtica relación todos cambiamos.

2. Modelos de «mutua relatio» en la espiritualidad

Hay dos niveles de *mutua relatio*: el nivel de nuestra vocación eclesial y el nivel de nuestra vocación peculiar y carismática.

a) Nivel de nuestra vocación eclesial

Desde el nivel de nuestra vocación eclesial, quiero imaginar nuestra *mutua relatio* espiritual con el laicado desde tres diferentes modelos: el aristocrático, el democrático y el sinodal o ecológico.

El modelo aristocrático es aquel que parte de la superioridad objetiva de nuestra visión espiritual y de nuestra capacidad de interpretarla y vivenciarla. Entonces entendemos que podemos ofrecerla a los laicos para su enriquecimiento interior. Nosotros somos los maestros, ellos los discípulos.

El modelo democrático es aquel que admite el pluralismo de espiritualidades y la libre competitividad entre ellas. En principio, no es bien visto que una de ellas se erija sobre las demás; pero aquellas que obtienen más votos, más adhesiones obviamente se enorgullecen de ello y tienden a dominar el campo de la espiritualidad, a imponerse y a expandirse al máximo posible. Cuando esto se da, tienden a contemplar las otras espiritualidades desde una superioridad, al menos fáctica. Viendo las cosas desde este modelo, la espiritualidad propia de los religiosos está «en baja». Nuestra oferta espiritual no puede competir con aquellas espiritualidades que mueven a miles y miles de personas y grupos. De ahí el auge actual de la espiritualidad de los movimientos y la menor relevancia de la espiritualidad de los institutos religiosos en este momento.

El modelo sinodal o ecológico favorece una correlación de fuerzas espirituales diferente a las anteriores: renuncia a la *cracia*, es decir, a entender las cosas únicamente en clave de poder, y sí en clave de servicio, diálogo, mutua apertura, caminar juntos. La espiritualidad está abierta, es vulnerable y vulnerante, decide caminar con otros. No pide clase preferente. Viaja en clase turista. No vive de su autoafirmación, sino de la correlación. Por eso, le interesa más el conjunto, la totalidad, que el fragmento. Quienes así viven su espiritualidad tienen «sentido de iglesia», antes que «sentido de lo propio». Reconocen que el organismo eclesial tiene suficiente sabiduría como para hacer que en algún momento nosotros acudamos en ayuda de otros miembros o que otros miembros, en determinados momentos, vengan en ayuda nuestra. Lo más importante, según este modelo, no es mantener la propia identidad absolutamente preservada de cualquier contaminación, sino incluirla dinámicamente en el conjunto.

Como conclusión creo que hay que afirmar que nuestra espiritualidad no es aristocrática, no es la espiritualidad de unas élites, no tiene vocación de aislamiento. Está llamada a difundirse, a entrar en la ecología del espíritu, en la sinodalidad de la Iglesia. En este nivel nos mostramos enormemente respetuoso con otras formas de espiritualidad. No pretendemos ganar a los demás. El laicado cristiano y el laicado no-cristiano nos sorprenden. En él está el espíritu de la época, la imaginación creadora, la solidaridad popular. En el laicado está el espíritu de los pueblos, el corazón de los humildes. En el laicado están los artistas y creadores, los productores, los líderes y políticos, los generadores.

También nosotros somos gracia para la espiritualidad laical. El estilo de vida consagrada es «exageración carismática», «pasión divina como única ocupación». Los laicos cristianos, en comunión espiritual con nosotros, nos cuestionan nuestras seguridades. Nos sacan de nuestros delirios, de nuestros sueños, de nuestro narcisismo. Pero también nosotros, les ayudamos a elevar su espíritu, a centrarse en lo único necesario. Cuando los laicos son testigos de nuestra espiritualidad nuestro testimonio encuentra su escenario y se enciende, purifica y autentifica.

La vida religiosa puede ejercer la función de guías espirituales y maestros. Lo que podría parecer un handicap propio de la vida religiosa europea —su envejecimiento— es su gran oportunidad: paternidad y maternidad espiritual. El envejecimiento de la vida consagrada en Europa nos da una especial habilidad y destreza para ejercer el ministerio de la guia espiritual. Compartir nuestra espiritualidad con otras formas de vida es *conversación*. Conversar o diálogo de vida con los hermanos o hermanas laicos en plan de igualdad. Decimos ¡no! a las relaciones superficiales de fe.

b) Nivel de nuestra vocación carismática particular

Cuando los laicos se sienten llamados a compartir nuestro mismo carisma y espiritualidad, no están haciéndonos una concesión, sino que están respondiendo a una vocación interior, a una llamada tan válida y divina como la nuestra. En ese caso, no se trata de ceder espacio, o de conceder unos privilegios de los cuales nosotros, los miembros de pleno derecho de un instituto religioso, somos los únicos propietarios. Se trata de algo mucho más profundo: de compartir el único don con personas pertenecientes a otras formas de vida.

También en este supuesto, podemos describir la *mutua relatio* entre personas consagradas y laicos que comparten un mismo carisma y espiritualidad desde tres modelos: concesionario, co-propietarios pero con muy pocas acciones, propietarios de pleno de derecho.

Según el modelo del concesionario, los laicos que se sienten llamados a participar en nuestro carisma y espiritualidad, deben ganárselo. Después de pasar por unas determinadas pruebas, se les concederá algún título de agregación; pero nunca se contará con ellos de forma decisiva. Estarán siempre en la periferia de nuestros institutos, que en principio se sienten autosuficientes.

Según el modelo del copropietario con pocas acciones, se cuenta mucho más seriamente con el laicado. Los laicos tienen una palabra que decir sobre el carisma, sobre la espiritualidad; su experiencia vital es acogida como regalo, como gracia; las perspectivas que ofrecen son tenidas en cuenta. Pero, su aportación está sometida al poderío del propietario mayoritario del carisma.

El tercer modelo, de copropietario de pleno derecho, nos introduce en un campo, hasta ahora bastante inédito y que suscita un cúmulo de preguntas y lanza a planteamientos nuevos que pueden coincidir con eso que llamamos hoy «refundación». ¿Qué significaría dar voz a nuestros laicos a la hora de describir o definir nuestra visión espiritual? ¿Cómo proyectaríamos nuestra vivencia espiritual, nuestro camino de espiritualidad, sin contáramos con ellos, como elemento definitorio? Decir «laicos», es, entonces, referirse a matrimonios, a hombres y mujeres que viven desde la secularidad. Podría darse el caso, y conozco uno, en que varones laicos, casados, que comparten el carisma de una congregación femenina, se hagan presentes en sus capítulos provinciales y generales. O mujeres en capítulos provinciales y generales, de institutos masculinos. Esto por poner solo un ejemplo.

3. Un camino bastante inédito: camino de refundación

El camino es todavía bastante inédito. Quizá una imagen de lo que podrá ser en el futuro, lo tengamos anticipado en las «nuevas comunidades» que están surgiendo, sobre todo, en el ámbito de la Renovación Carismática, aunque obviamente nuestro estilo estaría marcado por características bastante diferentes.

Si un instituto de vida consagrada plantea y vive su espiritualidad —en relación con el laicado en general— desde un modelo sinodal-ecológico y con el laicado que se siente llamado a compartir carisma y espiritualidad desde un modelo de copropiedad de pleno derecho, puede prepararse a grandes cambios en su forma de pensar, de actuar y de sentir. Esa es la gracia que nos viene.

Escuché hace poco a un anciano misionero lo siguiente: «Pues hagamos una comunidad de laicos». Se trataba de la imposibilidad que había en una congregación religiosa de encontrar el suficiente número de personas para abrir una casa de misión en Vietnam. El viejo misionero encontró la solución: «Enviemos a nuestros laicos».

Todo esto nos complica las cosas. Nos obliga a redefinir nuestros espacios, nuestros modelos de formación, nuestras economías. ¿Estamos para ello, ahora que más envejecidos, nos prometíamos una ancianidad tranquila?

Solo quiero apuntar, para concluir a ciertos criterios que pueden conducir la refundación de nuestra espiritualidad compartida con los laicos.

- Se hace necesaria la creación de un espacio en el que sea posible compartir la espiritualidad. Cada comunidad debería incluirlo en su proyecto.
- Habría que salvaguardar la identidad laical de unos y consagrada de otros, evitando hacer de los laicos o laicas cuasi religiosos o para-religiosos y evitar el servilismo de los religiosos respecto a los laicos.
- Dar a cada uno la posibilidad de ofrecer la propia contribución desde la propia identidad y competencia específica, reconociendo y promoviendo las diferencias y descartando un intercambio falsamente igualitario. Para nosotros, los religiosos esto significa aceptar la idea de que los laicos no son vasos vacíos en los que depositar nuestros tesoros. Ellos también tienen sus tesoros que compartir con nosotros.

Se hace necesario un modelo formativo compartido por ambos, pero también específico. Y en ese modelo formativo entraría la animación espiritual conjunta, continuada, la ejercitación espiritual, las prácticas del camino espiritual.

IV. Reflexión conclusiva

Y concluyo este capítulo diciendo que, tras unos años de espera y desconcierto, Dios comienza a dar respuesta a los lamentos y clamores de la vida consagrada. Ella es fecunda en otros pueblos e iglesias jóvenes; pero al mismo tiempo, le está siendo concedido el don de un laicado vivo, dinámico, creativo, que se siente llamado a compartir los diversos carismas y —¡ese es un paso decisivo!—, sobre todo, la misma espiritualidad. Ya no estamos solos. Nuestro futuro, o el futuro del Espíritu en nosotros, tiene Gracia. El Abbá que por su Espíritu nos fundó, es el mismo que ahora por su Espíritu nos está refundando. Lo hace todo nuevo, ¿no lo notamos?

Capítulo 10:
¡Riega la tierra en sequía!
El sueño de un nuevo amanecer

«Toda metamorfosis es lenta, desesperadamente lenta, salvo para el que solo está a la espera del final, porque ya la conoce y le basta con comprobar que las cosas cumplen los ciclos de su naturaleza propia… Ocurre algo parecido a esa experiencia infantil que todos hemos tenido. Una mañana te levantas, alzas la caja de cartón en que entre hojas de morera se deslizaban ayer unos indolentes gusanos de seda, y contemplas, admirado, que el gusanito se ha convertido en mariposa, y de estar fijado al suelo ha pasado a hacerse presente en cualquier lugar»[227].

También se está produciendo una misteriosa metamorfosis de la vida consagrada. Es lenta, a veces desesperadamente lenta. Poco a poco vamos cambiando de forma. Se trata de un reajuste casi total. Esperamos ese momento de gracia, momento sorprendente, en que, todos nuestros gusanos de seda se conviertan en mariposas y comencemos un nuevo ciclo, otra historia.

Mientras esto sucede, nos están llegando algunos candidatos que nos piden ingresar en nuestras congregaciones; se nos acercan laicos, casados, solteros, divorciados, o buscadores de la fe, que sienten el atractivo de nuestros carismas y

---

[227] Antonio García Paredes, *La Razón*, 27 de noviembre 1998, p. 5.

ministerios y desearían unirse a nosotros. El momento en el cual nuestros institutos se encuentran no es el más propicio, tal vez.. Nos surge el temor de si no se sentirán defraudados al acercarse a nosotros, o si serán capaces de resistir juntamente con nosotros esos cambios que nos convulsionan interiormente. Percibimos que tienen clara vocación de «mariposas», pero por de pronto, solo podemos ofrecerles una caja de cartón, unas hojas de morera por donde deslizarse y una condición de vida: ser por ahora gusanitos de seda. ¿Volar? ¡Por ahora no es posible! Llegará el día… La metamorfosis es lenta, desesperadamente lenta.

Aunque sean pocas las personas jóvenes que llaman a nuestros postulantados y noviciado, otros también sí lo hacen con generosidad, pero un poco despistados al no saber cómo pueden vivir el carisma y explicitarlo en servicios misioneros. Las vocaciones nos llegan por caminos que no habíamos recorrido antes.

Acostumbrados a noviciados numerosos en el pasado, nos alarmamos al verlos ahora casi vacíos o tener, incluso, que cerrarlos durante algún tiempo. Hay quienes califican esta situación como «sequía vocacional». Se emplea la metáfora de la lluvia para indicar que en otro tiempo nos llovían las vocaciones. De un tiempo a esta parte, la lluvia es rara, infrecuente. Nos es persistentemente negada. Nuestros superiores, lógicamente preocupados, junto con hermanas y hermanos más sensibles a esta situación, nos piden poner nuestros esfuerzos en ello e incluso se organizan rogativas.

Hemos dedicado gran parte de la reflexión de este libro a la pneumatología, al tratado teológico sobre el Espíritu Santo. Hemos descubierto que el Espíritu está en misión permanente y que nos sobresalta con nuestras posibilidades cuando «riega la tierra en sequía».

I. La situación vocacional: ¿tierra en sequía? o ¿tierra sedienta?

1. ¿Por qué «sequía o sed»?

El Espíritu nos está diciendo que hay «sed», que los buenos carismas producen una sed especial, que hay que calmar. Y ahora los sedientos necesitan otros modelos de noviciados que de verdad anuncien lluvias, tsunamis... lo propio de la santa *Ruah*.

Por eso, nos preguntamos: ¿hay tierra seca en nuestros institutos? ¿somos nosotros, soy yo, tierra reseca, agostada, sin agua? ¿hay tierra seca en los jóvenes, en los laicos de nuestro tiempo? ¿Dónde está el agua? ¿Qué agua tipo de agua... de río, de lluvia, de fuente, de lago? ¿qué es lo que necesita riego dentro de nuestros institutos?

Se ha ensanchado nuestra tienda: la pastoral vocacional tiene ahora —en la vida consagrada— nuevos destinatarios: presbíteros diocesanos que sienten como propio el carisma heredado de nuestros fundadores pero no se sienten llamados a formar parte de la vida consagrada «estructurada» y «codificada», o esposos llamados a formar la «Iglesia doméstica»[228] y se identifican con el espíritu carismático de un cierto instituto y otras sorprendentes llamadas al carisma extendido o al ministerio colaborativo, que pueden surgir.

---

[228] Cf. José Cristo Rey García Paredes, *Lo que el Espíritu ha unido. Matrimonio y familia – Siglo XXI,* Perpetuo Socorro, Madrid 2020.

En todo caso, merece la pena poner la luz sobre el candelero, y echar la red, y extender la mano y dar voz a Jesús y decir apasionadamente al Espíritu: «¡Riega la tierra en sequía!».

No hay sequía, ni somos tierra seca, agostada, sin agua. Hay que encontrar la fuente. Hay en la vida consagrada y en las familias carismática, personas extraordinarias. Hay mucha gente entre nosotros que mejora con el paso del tiempo.

También hay humedad en nuestra tierra y la consiguiente humildad, que es húmeda. Nos atrae lo pequeño y no pretendemos cosas que exceden nuestra capacidad: la opción por los pobres, la pasión por la inculturación, la inserción en los medios populares, la superación de los dualismos en la espiritualidad y en la vida, y tantas otras cosas, no nos han secado. No somos tierra seca.

Lo que sí se aprecia en la vida consagrada de hoy es una sed creciente. Somos comunidades de sedientos. Tenemos sed. Hay un agua viva que no nos podemos procurar. Nos tiene que ser dada. Necesitamos que un agua viva, una lluvia de Dios se derrame sobre nosotros. Necesitamos que alguien nos dé de beber. «Dame de beber». «Tengo sed». También Jesús sintió esa ansia. Cada uno de nosotros bien sabe de qué esta sediento.

Creo que nuestro tiempo es tiempo de sed, pero una sed nueva. No estamos sedientos de nuevas vocaciones. No estamos sedientos de ser más para tener más prestigio social, ni para tener mano de obra sin necesidad de contratos laborales, ni sueldos, ni seguridades sociales. No estamos sedientos de nuevas vocaciones para satisfacer nuestro secreto deseo de hijos o hijas, nuestro deseo de convivir con jóvenes. No estamos sedientos de nuevas vocaciones para presumir ante los demás de nuestra capacidad de seducción.

Nuestra sed es más, mucho más profunda. Estamos sedientos de sentido. El libro del sentido, el libro sellado con los siete sellos, que nadie es capaz de abrir y como nadie lo puede abrir nos ponemos tristes como el profeta apocalíptico. La vida es fugaz. Van pasando las oportunidades de realizar nuestros sueños. Nos vemos con tantos obstáculos para realizar una pequeña idea, que al final, la cuestión que nos planteamos es: «si merece la pena vivir», «si merece la pena entrar en una congregación para estos resultados», «si merece la pena estar en la Iglesia». Sí, estamos sedientos de sentido, sedientos de amor, sedientos de trascendencia.

2. Ante todo, ¡dignificar las nuevas vocaciones!

Podemos preguntarnos de nuevo: ¿hay sequía vocacional? Sería suficiente que una sola persona postule su incorporación a nuestra comunidad porque le seduce el carisma, quiere compartirlo, para decir que no hay sequía. ¿Es que había sequía en el hogar de Zacarías e Isabel cuando ella quedó encinta y concibió un hijo a quien llamaron Juan —«Ya-hanna: Dios hace gracia»—? ¿Es que había sequía en la casa de Nazaret cuando María concibió a su hijo único? No se percibe tal sequía en los noviciados y juniorados de Asia, de África: se descubre en aquella juventud lluvia, agua fresca —y quién sabe si riada y vendaval— que fecundará nuestras congregaciones envejecidas, pero también longevas. Aunque a veces parezca que, debido a la presencia de nuestros jóvenes en las comunidades, hace «mal tiempo», es porque se acercan las lluvias o los vendavales purificadores.

No solo hay que pedir por las nuevas vocaciones. Hay que agradecer muchísimo aquellas que nos son enviadas. Una nueva vocación es una semilla de vida, es agua que puede hacer reverdecer todo, es gracia de refundación.

Pero las nuevas vocaciones también se merecen. No son procesos automáticos que solo dependen de Dios. El agua del Espíritu es sabia y cuenta con los caudales y las capacidades de la tierra. Esto me evoca una pregunta que hace Nietzsche en el discurso n. 20 de la primera parte de su obra *Así habló Zaratustra*:

> «Tengo que hacerte, hermano mío, a ti solo una pregunta. Te lanzo esta pregunta como un plomo en tu alma, pues sé lo profunda que es. Eres joven y desearías tener un niño y estar casado. Pero te pregunto: ¿eres un hombre que está habilitado para tener un hijo?».

La traducción interpretativa sería: «Tengo que hacerte, hermana mía, congregación o comunidad, a ti sola, una pregunta. Te lanzo esta pregunta como un plomo en tu alma, pues sé lo profunda que es. Desearías tener un joven novicio o una joven novicia, pero te pregunto: "¿eres una congregación o comunidad que está habilitada para tener un novicio o una novicia?"». Se puede aceptar o mantener novicios de forma irresponsable, muy irresponsable. ¿No es bueno un cierto control de natalidad?

3. Mirar y ad-mirar el conjunto: hacia dónde crecen la Iglesia y nuestros institutos

Un instituto religioso no es todo en la Iglesia. Igual que apareció puede desaparecer. Pero la comunidad de Jesús, guiada por el Espíritu, seguirá hacia delante. Nuestra atención no debe fijarse obsesivamente en nuestra supervivencia. Es más justo y honesto buscar el crecimiento de todo el cuerpo de Cristo, que es la Iglesia. Debemos disfrutar con el crecimiento de todo el cuerpo y no estar únicamente pendientes del crecimiento de un miembro.

En la Iglesia actual no hay sequía vocacional. Gracias a Dios, ya no somos la única alternativa, el único camino de compromiso, de evangelio. Gracias a Dios, hay cada vez más caminos. Los movimientos, las comunidades de base, los grupos laicales, están sumiendo el caudal que hasta no hace mucho desembocaba en la vida religiosa. Las vocaciones se distribuyen ahora muchísimo mejor. Se presentan más opciones. La distribución es mucho más equilibrada y será más fecunda a la larga. Hay sequías que son un regalo para el conjunto. La Iglesia, en sus formas de vida, se está re-equilibrando.

La queja por la sequía vocacional puede ser un síntoma de la división interna dentro de un instituto. Mientras las vocaciones crecen y se multiplican en otros países, se toma como baremos de crecimiento o decrecimiento lo que sucede en Europa. Un cierto racismo vocacional puede aquejarnos, cuando no somos conscientes de formar un nosotros pluricultural, pluri-racial, y no afirmamos contundentemente que la herencia carismática no pertenece más a una nación que a otra.

Lo que más me extraña es que haya gobiernos generales o provinciales que permitan una cierta rivalidad en la pastoral vocacional entre provincias. Hay congregaciones que se permiten tener varios noviciados en España, teniendo en cada uno de ellos una o dos novicias o novicios. Los separatismos provinciales son un fenómeno más serio de lo que parece. No se mira el conjunto, el nosotros congregacional. Se hace de las estructuras de la vida religiosa un ámbito para las propias reivindicaciones individuales.

4. Nuestra tierra baldía y de secano: ¡situaciones catastróficas!

También debemos admitir que en el espacio de nuestras congregaciones se encuentran también zonas, que bien podrían ser declaradas como «catastróficas». Sí, zonas de sequía, en las que nada se produce. Solo se da la costumbre, la obsesiva repetición de lo mismo, la obesidad diabólica como reproducción cancerosa de lo mismo.

Estas zonas catastróficas —dentro de la vida religiosa— no se caracterizan por sus pecados positivos, ni siquiera por sus dinamismos perversos. Son zonas donde impera la costumbre. Ya lo dijo Péguy: «Lo peor no es tener un alma perversa, sino un alma acostumbrada». Ese es el reino de la costumbre, de la infecundidad del pensamiento, de la sequedad del corazón, de las relaciones frías. Reina en esas zonas una perenne incredulidad, ante todo. Y también una permanente oposición a todo. Declarar esas zonas como «catastróficas» haría revertir sobre ellas recursos para sanear esa parte del organismo que poco a poco puede amenazar a todo él. Es ahí donde puede exclamarse las palabras del profeta Joel:

«Se ha secado la viña,
se ha amustiado la higuera,
granado, palmera, manzano,
todos los árboles del campo están secos.

Sí, se ha secado la alegría
de entre los hijos de hombre!
(Jl 1,12).

II. «MI ALMA TUVO "SIEMPRE" SED DE TI»:
¡NO MAGNIFIQUEMOS EL PASADO!

Quizá no debamos magnificar tanto el pasado en lo que al esplendor vocacional se refiere. Se dice que las comparaciones son odiosas. Es bueno mirar al pasado para obtener algunas lecciones.

1. ¿Qué hicimos cuando las vocaciones eran abundantes?

Y una de ellas sería simplemente la respuesta a esta pregunta: ¿qué hicimos con tal abundancia de vocaciones? No pocas fueron vocaciones para el despilfarro. ¡Magníficos trenes que acabaron en vías muertas!

En lugar de enviarlas a la mies, al campo de misión más necesitado, hicimos macro-comunidades. Convertimos las vocaciones que Dios nos enviaba en mano de obra para una limpieza escrupulosa de nuestras dependencias, para unas tareas domésticas sin ningún tipo de horizonte, para las administraciones más prosáicas.

Y hemos sustraído al pueblo de Dios algunos ministros ordenados que les eran necesarios, lo hemos privado de un buen número de profetas y misioneros. La obediencia sirvió de tapadera a un estilo de gobierno sin ninguna visión, excesivamente cómodo y nada arriesgado. Un compañero de mi comunidad suele referirse a estas zonas catastróficas, a ese tipo de religiosos, con estas palabras del profeta Jeremías: «tanto el sacerdote como el profeta vagan sin sentido por el país» (Jr 14,18).

Hoy nos encontramos con religiosos y religiosas que son el resultado penoso del fracaso de la congregación en ellos o ellas. No estamos acostumbrados a pedir responsabilidades a quienes nos han dirigido. Lo que hacemos con los dirigentes de las naciones, no lo hacemos con nuestros malos dirigentes. Quienes alguna vez hemos tenido alguna responsabilidad de gobierno, bien sabemos que en no pocas ocasiones no ha sido el Espíritu quien ha conducido nuestras acciones.

Por eso, no magnifiquemos el pasado. También recurramos a aquel sabio adagio: *agua pasada, no mueve molino.*

2. El Espíritu como agua, y como riada

Meditemos sobre el Espíritu Santo desde el símbolo del agua y en la perspectiva de la vocación.

a) «¡Riega la tierra en sequía!»

Esa es nuestra petición al Espíritu. También en nosotros hay espíritu.; espíritu con minúscula. También nosotros, seres libres, somos fuente y agua. Pero, por muy paradójico que parezca, estamos necesitados. ¡Qué bien lo expresó Paul Claudel en una de sus cinco odas cuando escribió:

«Dios mío… ¡Ten piedad de esas aguas que en mí mueren de sed»[229]!

Aguas sedientas hace referencia a la necesidad que nuestro espíritu tiene del Espíritu, el Agua primordial.

«El día último de la Fiesta, el más solemne, Jesús puesto en pie gritó: "Si alguno tiene sed, venga a mí, y beba el que crea en mí". Como dice la Escritura: "De su seno correrán ríos de agua viva". Esto lo decía refiriéndose al Espíritu que iban a recibir los que creyeran en él. Porque aún no había Espíritu. Pues todavía Jesús no había sido glorificado» (Jn 7,37-39).

Sin Jesús todavía no hay Espíritu. Es necesario que proceda de Él, de su costado abierto en la cruz… y también de su último aliento. Ya antes había procedido del Abbá creador como manantial de agua que brota de la tierra y riega toda la superficie del suelo:

«no había aún en la tierra arbusto alguno del campo, y ninguna hierba del campo había germinado todavía, pues

---

[229] P. CLAUDEL, *Les cinq grandes Odes*, 65: PUFC, Pu de Franche Comte edition (1 enero 1989).

Yahweh Dios no había hecho llover sobre la tierra, ni había hombre que labrara el suelo. Pero un manantial brotaba de la tierra, y regaba toda la superficie del suelo» (Gn 2,5-6).

En el primer relato de la creación se habla también del principio de la creación en términos de *Ruah*: «La tierra era un caos informe... y la *Ruah* de Dios soplaba violentamente sobre las aguas» (Gn 1,2).

Tanto en los relatos de la creación como en el relato de la crucifixión, según Juan, el Espíritu – Agua proceden del Abbá y del Hijo. El resultado es la creación del universo, la vocación fundamental, en el libro del Génesis, y la comunicación de la Vida y la calma de la sed, en el relato de Juan.

Contemplemos cómo el Espíritu del Abbá Creador y de Jesús, se derrama gratis, de balde, sobre la tierra sedienta, sobre los seres humanos, representados por María y el discípulo amado, los sedientos.

b) El Espíritu... la exhalación de Dios

El Espíritu es la exhalación de Dios, el aliento de su boca, el beso fecundo de Dios, que estremece a quien se siente besado y lo recrea. El Espíritu es el agua viva que mana del costado de Dios y de Jesús y todo lo inunda y hace que doce cosechas se recojan de los árboles plantados a sus orillas. No es espíritu de hombre, sino de Dios. Dios derrama su espíritu sobre toda carne.

«Derramaré, agua sobre el sediento suelo, raudales sobre la tierra seca. Derramaré, mi espíritu sobre tu linaje, mi bendición sobre cuanto de ti nazca» (Is 44,3).

Evoquemos, ante todo, un precioso versículo del salmo 50 que dice:

«No me arrojes de tu rostro y no me quites tu santo Espíritu» (Sal 50,11).

En él se pone en conexión la comunicación del Espíritu de Dios con el no-ocultamiento de su rostro. Esto quiere decir que la comunicación del Espíritu tiene mucho que ver con el poder estar ante el rostro de Dios, en su presencia. Es la *Ruah* que desprende su rostro iluminado y amoroso. El salmo 104, 4 lo capta así:

«Mas si ocultas tu rostro, se estremecen; si retiras tu soplo, expiran y vuelven al polvo. Envías tu espíritu, los creas, y renuevas la faz de la tierra» (Sal 104,29s).

Aquí se dice que cuando Dios oculta su rostro, todas las realidades vivientes pierden su aliento de vida y retornan al polvo (cf. Sal 104,29ss). Cuando el rostro de Dios, símbolo de su presencia y atención hacia sus criaturas, brilla, mira en actitud de gracia, se convierte en la fuente desde la que se derrama el Espíritu sobre toda carne.

Brilla el rostro cuando el corazón está encendido en amor. El amor que Dios siente en su corazón hace que su Espíritu mane y se derrame. El semblante esplendoroso de Dios es la fuente desde la que se derrama el Espíritu y la vida, el amor y la bendición de Dios. «Haz brillar tu rostro sobre nosotros y danos tu gracia» se dice en la bendición de Aarón (Nm 6,23-25). Cuando resplandece el rostro de Dios, esperamos de Él el envío del Espíritu. Esto le lleva a decir bellamente a Jürgen Moltmann: «El rostro de Dios, resplandeciente de alegría, es la fuente luminosa del Espíritu Santo»[230].

---

[230] J. MOLTMANN, *The Source. The holy Spirit and the Theology of Life*, SCM Press, London 1997, p. 14.

El Espíritu procede también del rostro de nuestro Señor Jesús, Crucificado. Ese rostro tan noble, tan bello, tan hondo. El Espíritu procede de los ojos de Jesús y de su aliento. De esa boca que ya no puede hablar, solo exhalar sus últimos suspiros. Por amor. La gloria de Dios brilla «en el rostro de Jesucristo» y proyecta «un luminoso resplandor en nuestros corazones» (2Co 4,6). También en nosotros se proyecta la gloria del Señor (2Co 3,18)[231].

3. El Espíritu en las seguidoras y seguidores de Jesús

El Espíritu se derrama sobre toda carne (Jl 2,28; Hch 2,17ss). Se trata de una metáfora pasmosa, sorprendente. Toda carne es ciertamente el ser humano, pero también todos los seres vivientes, como plantas, árboles y animales (cf. Gn 9,10ss). *Carne* significaba para el profeta Joel «el débil, la gente sin poder y sin esperanza» (H. W. Wolff). Por eso, el profeta proclamaba: «¡Vuestros hijos e hijas profetizarán, vuestros ancianos soñarán sueños!». Decía con ello que la gente joven, —es decir, quienes todavía no habían entrado de lleno en la vida— y los ancianos —es decir, quien participan ya plenamente de la vida—, serán quienes primero experimenten al Espíritu. Es como si el profeta dijera que nadie es demasiado joven, ni demasiado viejo para recibir el Espíritu.

Cuando el Espíritu Santo es enviado, viene como una tempestad; se derrama sobre todos los seres vivientes, como las aguas de una riada, invadiéndolo todo. Si el Espíritu es realmente el Espíritu de Dios, toda la realidad invadida por el Espíritu queda entonces deificada, divinizada. El Espíritu

---

[231] En el Apocalipsis veremos a Dios «cara a cara», aunque ahora lo vemos en enigma, como en un espejo (1Co 13,12). La experiencia del Espíritu es el resplandor luminoso en nuestros corazones que inicia el apocalipsis de nosotros mismos.

llega a nosotros y asume diversas formas. Es como el agua que primero es fuente, luego río y finalmente lago. Una misma es el agua, pero las formas de su flujo son diferentes y graduales. El Espíritu es la Gracia por excelencia; después asume las formas de los carismas o energías del Espíritu. Los carismas son como flujos o emanaciones del Espíritu.

El Espíritu se apodera, de modo especial, de los discípulos de Jesús: «Os trae ventaja que yo me vaya, porque si no me voy no vendrá a vosotros el Paráclito» (Jn 16, 7). El Espíritu hace que Jesús se expanda, siga actuando, hablando, viviendo, sintiendo y ayudando. El tiempo del después de la resurrección se convierte así en tiempo del Espíritu.

Los evangelistas adoptan perspectivas diferentes al presentar el momento en que el Espíritu es entregado a la Iglesia. Lucas separa la Pascua de la Ascensión, es decir la Resurrección de la Exaltación, y asocia la misión del Espíritu con la Exaltación de Jesús al cielo, no con la resurrección (Hch 1,2,9-10; Lc 24,50-53). El cuarto evangelio, sin embargo, entiende la relación entre el Hijo y el Padre como una relación inmediata y une el don del Espíritu a la exaltación de Jesús (Jn 14,26; 16-17). Mientras según la tradición tardo-judaica, el Mesías podía implorar el Espíritu, pero no comunicarlo, en la teología del cuarto evangelio el Espíritu podía ser comunicado a todos los creyentes, aunque solo después de la glorificación de Jesús (Jn 7,39; 16,7)[232].

El Espíritu, entregado a los creyentes, unifica la comunidad, la anima en su oración, servicio y confesión de fe[233]; la

---

[232] Cf. E. SCHILLEBEECKX, *Jesus. Die Geschichte eines Lebenden*, Herder, 1975, pp. 473-474.

[233] Cf. 1Co 12,3.7-11.13; 2Co 6,6; 13,13; Rm 15,30; Ef 4,3-4; 2,22; Hch 2,4ss; 4,8.31; 5,3.32; 8,29; 9,31; 10,44; 13,2.4; 16,6.

diversifica también mediante sus carismas, la lanza a la misión. A partir de la experiencia del Espíritu se descubre una nueva forma de continuar en la historia sin esperar la llegada del reino de forma radicalmente apocalíptica[234].

El Espíritu, que es Amor, transforma la vida de los discípulos:

«la esperanza no desilusiona, porque el amor de Dios ha sido derramado en nuestros corazones por medio del Espíritu que nos ha sido dado» (Rm 5,5).

«En el Espíritu» y «en la caridad» son para Pablo expresiones intercambiables[235]. Es lo mismo caminar en el amor que caminar que en el Espíritu. El Espíritu es un movimiento poderoso que actúa dentro del corazón de los fieles, en aquel centro profundo donde el hombre nace al amor. El primer fruto del Espíritu es el amor acompañado de alegría, paz, bondad, benignidad[236]. La caridad es la virtud escatológica que perdura por toda la eternidad (1Co 13,13). El Viento de Dios es «como la respiración del mundo» (E. König).

El Espíritu introduce a los discípulos, al mundo y a toda carne sobre la que es derramado, en los tiempos últimos, escatológicos. Ha llegado la plenitud de los tiempos ahora que en el Espíritu del Hijo los hombres podemos exclamar: ¡Abbá! (Ga 4,4.6). Después del don del Espíritu no hay ningún otro don. El Espíritu es la gracia suprema. Todo el espacio histórico y geográfico está invadido por el Espíritu, porque «el Espíritu del Señor llena la tierra».

---

[234] Cf. M. A. MOLINA PALMA, «La provisionalidad responsable, el tiempo cristiano en perspectiva escatológica», *EstBib* (1987) 337-346.
[235] Cf. Rm 8,4; Ef 5,2.
[236] Cf. Ga 5,22.

Donde actúa el Viento de Dios, allí se experimenta la vida en toda su integridad, totalidad, fuerza; como vida sanada y redimida. Hasta los sentidos quedan potenciados por su presencia. ¿Qué de extraño tiene que llamemos al Espíritu *Consolador* (Paráclito) o *Fuente de la Vida* (*fons vitae*)?

¿No es verdad que se experimenta el Espíritu por doquier? Ha sido una delicia escuchar las ponencias de Alberto Iniesta, Manolo Barco y Dolores Aleixandre. Ellos nos han puesto ante los ojos tantos acontecimientos y personas en quienes ha revelado el Espíritu sus mejores cualidades... Pero hay mucho más Espíritu. Es inagotable, fuente inagotable para la experiencia humana.

4. El Espíritu en la llamada

La vocación es acontecimiento de la Palabra. La Palabra de Dios nos llama. Pero la vocación es también acontecimiento del Espíritu. La llamada es también respiración, esa actividad indeterminada que se concreta al hablar. Sentir la vocación es percibir no solo la voz de Dios, sino su aliento, su respiración, hasta el aliento último del Crucificado. La palabra da concreción al espíritu, pero el espíritu antecede a la palabra y al concepto. Por su concreción la palabra puede quedarse fuera. En cambio, el aliento y el viento penetran donde la palabra no puede entrar.

El espíritu también inspira a la palabra desde adelante, desde el después de ser pronunciada. El espíritu actúa de horizonte y no solo de agente. Lo sabe el artista invadido por la inspiración previa y, al mismo tiempo, seducido por el más allá que le espera. La palabra inspirada es rebosante, adquiere nuevos significados; el espíritu la convierte en símbolo y abre sus horizontes. Hay un logos simbólico que el espíritu genera. Por eso, el espíritu le da futuro a la palabra. No la repite meramente, sino que ofrece puntos de vista siempre nuevos. Sin espíritu la palabra es letra muerta, sonido inerte. Sin la palabra el espíritu es esbozo, intención inacabada, parto frustrado.

Los profetas no solo recibieron una palabra que transmitir, sino que fueron movidos por el Espíritu para crear un mensaje que fuera a su vez creador. Hasta tal punto les movía el Espíritu que, antes de hablar, entraban en trance, en situación de enajenación. El Espíritu, o mejor el Padre a través del Espíritu, actúa la concepción de la Palabra de Dios aquí en la tierra: «de Spiritu Sancto ex Maria virgine», «et Verbum caro *factum est*»[237] (Jn 1,14). El Verbo o la Palabra no se encarna por su propio poder. Dios lo realiza por medio de su Espíritu. También otras palabras menores, en las que se encarna la palabra son concebidas por obra del Espíritu, como sucede en la oración —según Pablo— donde el Espíritu ora con gemidos inenarrables (Rm 8,26ss); también la palabra del testimonio es puesta en la boca de los testigos por el Espíritu:

«No hablaréis vosotros, el Espíritu de vuestro Padre hablará por vosotros» (Mt 10,20).

Cuando Pedro habla la Palabra, el Espíritu Santo se derrama sobre todos los que escuchan la Palabra (cf. Hch 10,40).

El Espíritu es el suspiro de Dios, más penetrante que su Palabra; el Espíritu actúa para que las bocas prediquen la Palabra y los corazones se abran a ella y la entiendan y acojan. En una bella coincidencia los profetas Jeremías y Ezequiel intuyeron la importancia del corazón humano como ámbito de actuación de la Palabra y del Espíritu de Dios. En él Dios es-

---

[237] La forma pasiva se refiere a un pasivo teológico.

cribe su Palabra, su Ley, decía Jeremías (Jr 31,33); en él Dios derrama su Espíritu, decía Ezequiel (Ez 26,27). Se encuentra en él, co-inciden y se revelan, quienes en mutua perichóresis son la Sabiduría del Abbá: la Palabra y el Espíritu.

Palabra y Espíritu son, por tanto, distintos, pero al mismo tiempo inseparables. Ambos unidos traen la presencia activa y comunicativa de Dios. Palabra y Espíritu son dos formas eminentes de presencia del Abbá. El Abbá se hace presente fluyendo hacia nosotros, viniendo, siendo llegada de su Reino[238]. Dios es Gracia para nosotros en cuanto que viene; no somos nosotros los que vamos hacia Él; y viene en el Verbo encarnado y en el Espíritu.

III. Decálogo para tiempos de sequía: lluvia y regadío

Deseo concluir esta meditación-reflexión con un decálogo en dos tablas: la primera sobre la sed de Dios y la segunda sobre regar nuestro jardín.

1. La primera tabla: «la sed de Dios». «Tengo sed»

Primero: Hay más agua que sed. Avivemos nuestra sed más profunda, porque somos capaces de mucho más. No digamos demasiado pronto que nuestra sed es Dios. No nos vaya a ocurrir aquello del aforismo de Elías Canetti: «Cuando no sabe qué decir menciona a Dios»[239]. Dios es la sed de todas las formas de sed que padecemos. Tener sed es una forma de

---

[238] Cf. P. Schoonenberg, *El Espíritu, la Palabra y el Hijo,* Sígueme, Salamanca 1998, p. 149; E. Jüngel, *Dios como misterio del mundo,* Sígueme, Salamanca 1984.
[239] Elías Canetti, *El suplicio de las moscas,* Anaya & Mario Muchnik, 1994, p. 68.

padecer a Dios. Padezcamos lo divino. Anhelemos. Ensanchemos nuestros deseos y no los matemos.

Segundo: Pongámonos junto al río de agua viva (el Espíritu) y creceremos como una palmera del Líbano. En la vejez seguiremos lozanos y frondosos

Tercero: Avivemos también la sed de nuestros hermanos o hermanas de comunidad, para llegar a ser comunidad de sedientos, que buscan juntos la fuente del agua viva. Como la samaritana a los samaritanos, llamémoslos para que vengan al pozo de Jacob.

Cuarto: Cansémonos, caminemos, esforcémonos ... y tendremos sed. La pereza destruye la auténtica sed y se conforma con la sequía.

Quinto: La sed de amor es la mejor. Pero no se sacia buscando el amor convulsivamente, sino aceptando el amor que viene, que surge, que como un río se acerca a nuestra vida, o como una lluvia que nos envuelve. Quien tiene sed busca con todos sus sentidos una fuente, espera con toda el ansia la lluvia. Le saca al cielo su generosidad:

«Venid a mí todos los que estáis sedientos, de su seno manarán torrentes de agua viva» (Jn 7).

2. La segunda tabla: «regar el jardín»

Sexto: Hagamos rogativas, ante la sequía. Supliquemos apasionada e insistentemente por la lluvia del Espíritu, no en general, sino muy en particular, por alguien, para algún pequeño territorio en sequía.

Séptimo: Provoquemos sed en los demás, en la gente. Que sientan la seducción y la necesidad del agua de la Vida. Háblenosles de la Fuente, del Espíritu seductor. Llévenoslos hasta la Fuente, Jesús y su Espíritu, como hicieron Felipe y Andrés. ¡Él hará lo demás! «Torrentes de agua viva manarán de su seno»[240].

Octavo: Estemos muy atentos para que nadie cambie la fuente de la Vida por agua enfangada y tóxica. Seamos los vigilantes de la Fuente.

Noveno: A través de compuertas, dosifiquemos, tengamos ritmo; evitemos riadas, anegamientos. Dejemos que el agua del Espíritu empape la tierra y no nos preocupemos en exceso.

Décimo: Hay mucha tierra con sed. Nosotros no somos el agua. No somos lluvia, ni rio. Pero podemos ser canal y construir canales.

---

[240] «Siempre que descubras un tesoro en los jóvenes, suscitas en ellos la sed. Entonces podrás ser canal del Agua de la Vida. "Quien tenga sed que venga. Quien *lo desee* que tome el don del agua de la vida". Cuando dices a alguien que tiene un tesoro y te haces creíble ante él o ella, suscitas en esa persona la conciencia de su sed, de su sed más profunda y comenzará a sentir el deseo de tomar del agua de la vida» (anónimo).

CONCLUSIÓN:
Llevar a otros a las fuentes del espíritu

1. La vida consagrada no existe para sí misma, para su autoconservación

Hay que resaltar que cada instituto de vida consagrada no existe para sí mismo, sino para que la vida consagrada sobreviva. Así mismo hay que proclamar que la *vida consagrada no existe para sí misma* sino para que exista la gran Iglesia. La vida consagrada, en cuanto expresión de la Iglesia y la Iglesia misma no existe para ella misma, sino para que se establezca en el mundo el Reino de Dios, que Jesús proclamó e inició y el Espíritu Santo llevará a plenitud con la transformación de toda la creación «en Cristo».

La vida consagrada no tiene su razón de ser en sí misma. No es un refugio de espiritualidad y misión, sino más bien una lanzadera para que se cumpla el gran sueño de que «venga a nosotros el reino de Dios» y el «¡hágase tu voluntad así en la tierra como en el cielo» y el definitivo *Veni Creator Spiritus*.

Si hablamos de «carisma» congregacional, es «por el reino de Dios», lo mismo que cuando hablamos de celibato, pobreza, obediencia es «por el reino de Dios». La motivación más digna de la variedad carismática que el Espíritu concede es esa precisamente: para que el reinado de Dios y su justicia se haga presente y se extienda en el mundo, en la sociedad. El carisma es *energía fundacional infundida por el Espíritu Santo de Dios Padre y de Jesús,* que motivó a nuestros antepasados en la vida consagrada a reunirse, formar comunidades, ser Iglesia y ponerse en servicio misionero.

2. LOS FUNDADORES, MUJERES Y HOMBRES DE RESURRECCIÓN

Los fundadores fueron personas enérgicas y maravillosamente creativas. Fueron mujeres y hombres que estuvieron muy en contacto con su tiempo. Vieron las necesidades. Oyeron los gritos de los oprimidos, de los pobres, de los necesitados. Vivieron también el mandato evangélico de ocuparse de «hacer nuevas todas las cosas». Fueron auténticos *hombres y mujeres de la Resurrección,* que anhelaban que la resurrección de Jesús siga haciéndose realidad y alentando la vida del mundo, sea como un fuego inextinguible. En los relatos de la Resurrección se nos dice que las mujeres que fueron a la tumba, no se encontraron directamente con Jesús sino con unos mensajeros luminosos de lo alto que les transmitieron este mensaje: «Jesús de Nazaret a quien buscáis no está aquí». Y añadieron: «Id y decid a los hermanos que ha resucitado y que *irá delante de ellos a Galilea».* Ese mensajero no solo era para ellos, es un mensaje que también nosotros debemos escuchar, interpretar y obedecer «hoy».

Galilea era el lugar desde donde Jesús comenzó a movilizarlo todo, a redimir, a liberar al mundo. Allí en Galilea Jesús denunció las injusticias de su tiempo, trabajó para liberar a los oprimidos. Y allí comenzó a ser un sospechoso… que al final acabaría en la crucifixión.

«Las mujeres del alba» debían llevar a los hermanos solo este mensaje: «Habéis comido el pan y participado del cáliz con Jesús; habéis entrado en la nueva Alianza en la cual Jesús os pidió "lavar los pies a los demás", es decir servir en la humildad a todos». El mensaje de la transformación no podía ser silenciado ni siquiera con la crucifixión de Jesús. Los discípulos tenían que dar testimonio de ello con sus vidas. Jesús iría delante. No nos dejaría huérfanos. Por eso, les pidió volver a Galilea, reunirse allí con Él y continuar su misión

La razón de ser de la vida consagrada es esta y no otra. Lo hacemos desde la condición de vida de cada uno de nosotros. Unos desde el celibato por el Reino, otros desde el matrimonio que Dios ha unido, cada uno con su peculiar miniministerio o diaconía como aportación a la única misión. Ser el pueblo de la resurrección quiere decir estar ocupados en la transformación de todas las cosas en Cristo. Este *es* el mensaje de la resurrección. Ese *fue* el mensaje que nuestros fundadores oyeron. Esa *es* la energía que el carisma de nuestras órdenes o congregaciones nos aporta para el «hoy» del reino de Dios[241].

3. Llevar a Jesús a las nuevas generaciones

Nuestra acción pastoral no consiste principalmente en traer jóvenes para que se integren en nuestros institutos, sino en llevar a los jóvenes —a quienes Dios llama— a las distintas formas de vida humana y cristiana. Nuestra acción pastoral es la del buen pastor que desea llevarlos hacia fuentes tranquilas

---

[241] Cf. Barbara Fiand, *Luchando con Dios. La vida religiosa en busca de su alma,* Publicaciones Claretianas, Madrid 2002. Se trata de una autora clarividente y anticipadora proféticamente de lo que ha venido aconteciendo.

que reparen sus fuerzas, es decir, allí donde se empapen de Espíritu y puedan zambullirse en el río de la vida.

La vida consagrada tiene sus precursores en dos personajes evangélicos que se encargaron de llevar a los demás a Jesús: Andrés y Felipe. Andrés orientó a su hermano Simón hacia Jesús (Jn 1,41), y Felipe hizo lo mismo con Natanael (Jn 1,44). Y ¿no es sorprendente que, más tarde, en la fiesta de la Pascua, fueran ellos dos, Felipe y Andrés quienes condujeron hacia Jesús a unos griegos que querían verlo (Jn 12,22)? Llevar a Jesús es disponer a alguien para que reciba el Espíritu. Y cuando alguien recibe el Espíritu, cuando el agua penetra en él, o el Viento entra por las rendijas del alma, comienza la semilla a brotar.

La vida consagrada tiene como gran razón de ser invitar a otros a vivir de otra manera. El Espíritu de Jesús no se ha extinguido. Actúa hoy y mañana. Lo importante no es llamar a «hacer algo», sino a descubrir la propia vocación en el contexto del reino de Dios. Ha llegado la hora de replantearnos nuestro compromiso vocacional desde nuevas actitudes[242].

Poco a poco hemos visto en estos años de renovación cómo nuestra forma de vida, en su liminalidad, está formada —cada vez más— por sencillas mariposas que en libertad de vuelo van dando sentido y siendo mensajeras silenciosas de una buena noticia. Mereció la pena pasar un tiempo, como gusanitos de seda allí donde todo, absolutamente todo, entraba en profunda metamorfosis. ¿No será eso, lo que llamamos «consagración»? Sí, la vocación nos hace —al fin— volar… como el Espíritu.

---

[242] A. Bocos Merino, *Nuestra herencia profética. Carta circular con motivo del 150 aniversario de la congregación*, Roma 1998, pp. 103-105.

4. «El Espíritu nos lleva a la verdad completa»

A lo largo de la historia ha habido personas que se creían portadoras del Espíritu. Los profetas itinerantes de la Iglesia primitiva, a los que no se podía criticar, ni interrumpir. Montano consideró que el Espíritu Santo prometido por Jesús se había encarnado en él y se encarnaría en quienes le siguieran como profetas o profetisas: formaban un grupo que se auto-designaba «los pequeños» y suponían que podían recibir ellos también el Espíritu Santo en toda plenitud y ver lo que nadie podía ver o escuchar, sino solo los moradores del cielo[243]. Joaquín de Fiore proclamaba que en el siglo XII estaba ya aflorando la era del Espíritu con características monásticas. Existen hoy grupos carismáticos que, a través de sus experiencias de oración, curaciones, visiones y glosolalia, se sienten los agraciados por el Espíritu.

El Espíritu, sin embargo, no es monopolio de ningún grupo, ni tiempo histórico. ¿Dónde está realmente el Espíritu? Sería inquietante decir que los hombres tienen a su disposición a Dios y su Espíritu. ¿Cómo discernir qué Espíritu o espíritu mueve al ser humano?

El Espíritu santo se halla presente allí donde Dios se hace presente en nuestra tierra y en nuestro tiempo. ¡Necesitamos la presencia de Dios aquí y ahora! ¿Una teología desde abajo —desde nuestras experiencias—, o una teología desde arriba —desde Dios y su revelación—? ¿Cómo experimentaron los testigos del Antiguo y del Nuevo Testamento al Espíritu Santo? ¿Cómo expresaron sus experiencias en palabras, que están en gran parte cargadas de imágenes?

---

[243] *Petrusapokalypse von Nag. Hammadi*, en *Theologische Literaturverzichnis* 99 (1974), 575-584.

«Todos los días son Pentecostés», decía el pensador cristiano Orígenes (c. 184-c. 253). Mientras la Iglesia y las familias carismáticas existan, todos los días pueden ser «Pentecostés».

Existimos como Iglesia y familias carismáticas en ella gracias al *divino aflante Spiritu*. Sin el Soplo del Espíritu Santo las «familias carismáticas» se desmoronan y se convierten en otra realidad. La súplica de cada mañana del viernes en la oración de Laudes es muy elocuente: «¡No me quites tu Santo Espíritu!» (Sal 50). Sin la presencia y acción del Espíritu las «familias carismáticas» no serían sostenibles.

Lo hemos de reconocer: el Espíritu Santo extiende nuestra tienda. Jesús nos habló de Él como «el otro Paráclito», es decir, el otro Consejero, el otro Defensor y Abogado, el otro Energizador. De Él proceden los carismas que configuran la Iglesia y las «familias carismáticas» dentro de ella.

Cuando el gran teólogo alemán Karl Rahner hablaba del cristiano del siglo XXI decía: «o será un místico o no será nada». Y la mística nos sitúa en la conexión íntima con el misterio de Dios. Los místicos son una prueba viviente de su existencia. En los místicos Dios es presencia seductora, fascinante, envolvente. Santa Teresa de Jesús hablaba de personas que «se dan un baño de Dios»[244]. Cuando esta experiencia mística existe, quienes pertenecen a las familias carismáticas se identificarán fácilmente con las palabras del profeta Jeremías: «me sedujiste, Señor, y me dejé seducir; fuiste más fuerte que yo y me venciste» (Jr 20,7).

---

[244] SEGUNDO GALILEA, *El futuro de nuestro pasado. Los místicos españoles desde América Latina,* Narcea, Madrid 1985, pp.33-34. Teresa estaba «enamorada de Dios»: «entre los pucheros anda el Señor». La experiencia de «quien sabemos que nos ama» se condensa y verifica en la oración.

La vida consagrada —tal como ahora la percibimos en la Iglesia— aunque está inspirada en los ejemplos de Jesús y movida por sus palabras (LG 44), no podemos decir que fuera fundada por Él. Pero sí vemos diseñadas entre sus seguidores y seguidoras las «familias carismáticas» que hoy renacen movidas por el radicalismo evangélico.

Lo que justifica la existencia y persistencia de las diversas «familias carismáticas» es la permanente e imprevisible acción del Espíritu Santo, que las inspira, las hace nacer, las mantiene, la transforma y las hace culminar. El Espíritu es como el viento que sopla donde quiere, cuando quiere y por el tiempo que quiere.

܀

Y concluyo este libro evocando la metáfora con la que inicié el último capítulo: el gusano de seda y la mariposa. Están naciendo mariposas. Poco a poco hemos visto en estos años de renovación cómo la vida carismática liminal propia de la vida consagrada ha ido tomando una nueva forma: la «familia carismática». Merece la pena pasar un tiempo, como gusanitos de seda allí donde todo, absolutamente todo, entra en profunda metamorfosis. ¿No será eso, lo que llamamos «consagración»? La vocación carismática compartida, después de procesos de transformación y muerte, nos hace, al fin, volar… como el Espíritu.

Índice